追寻航海家
远行航程的旅行

褚嘉祐·著

上海科学技术出版社

图书在版编目（CIP）数据

追寻航海家远行航程的旅行 / 褚嘉祐著. -- 上海：上海科学技术出版社，2024.1
ISBN 978-7-5478-6356-5

Ⅰ. ①追… Ⅱ. ①褚… Ⅲ. ①航海－交通运输史－世界－青少年读物 Ⅳ. ①F551.9-49

中国国家版本馆CIP数据核字(2023)第200392号

责任编辑　季英明
特约编辑　戴　薇
装帧设计　戚永昌
电脑制作　吴　琴

追寻航海家远行航程的旅行
褚嘉祐　著

上海世纪出版（集团）有限公司
上海科学技术出版社　出版、发行
(上海市闵行区号景路159弄A座9F-10F)
邮政编码 201101　www.sstp.cn
江阴金马印刷有限公司印刷
开本 787×1092　1/16　印张 16.25
字数：270 千字
2024 年 1 月第 1 版　2024 年 1 月第 1 次印刷
ISBN 978-7-5478-6356-5/N · 263
定价：79.00 元

本书如有缺页、错装或坏损等严重质量问题，
请向承印厂联系调换

序 一

人类航海和地理领域的大发现，引发了一代代人的浓厚兴趣。地理学上的重大突破促进了地球上各大洲之间的沟通，并随之形成了众多新的贸易路线。伴随着新航路的开辟，东西方之间的文化、贸易交流更加频繁，这对世界各大洲的发展产生了深远的影响。

本书作者历时十多年，探访了人类航海家迪亚士、哥伦布、达·伽马、麦哲伦、德雷克、库克航行的主要发现地，涉及七大洲几十个国家。特别要指出的是，在大航海中，中国人曾经写下浓墨重彩的一笔，那就是明朝著名航海家郑和率领船队七次下西洋，这一在人类文明史上应当占据举足轻重地位的航行却没有得到国际上应有的地位。作为郑和的故乡人，本书作者从昆明、东南亚到非洲一路追寻郑和的足迹，讨论了代表中国人和平意愿的航海和其对世界文明的巨大贡献。

本书作者褚嘉祐教授是著名的医学遗传学家，在人类遗传多样性及其与疾病基因的研究方面有重要建树。

本书保持了作者的以科学问题为经、以七大洲旅行为纬的写作风格。让我们随着作者的足迹，透过作者拍摄的 200 多幅精美的照片，来丰富自己关于人类航海历史的知识。

本书文字风格轻松，而写作主题严肃认真，体现了作者的知识积淀和功力。

本书内容新颖、有趣，适合青少年和对旅行、人类航海历史感兴趣的广大读者阅读。我十分乐意推荐这本书。

中国科学院院士
2023 年 8 月

序 二

人类航海和地理大发现促进了地球上各大洲之间的沟通，对世界各大洲发展产生深远的影响。

本书作者是著名的医学遗传学家，除了专业论著，他还是一位出色的科普作家。作者对航海具有特别的兴趣，将其作为专题，历时十多年，走过了人类航海家迪亚士、哥伦布、达·伽马、麦哲伦、德雷克、库克航行的主要发现地，涉及七大洲几十个国家。特别考察了中国明代著名航海家郑和率领船队横跨亚非七次下西洋，从昆明、东南亚到非洲的一路足迹，阐述了郑和航海代表的中国人的和平意愿和其对世界文明的巨大贡献。

本书以轻松的文字介绍了作者的旅行，包括作者拍摄的 200 多幅精美照片，呈现了世界著名航海家的杰出事迹和艰险经历，使读者获得关于人类航海历史的丰富知识。

本书内容丰富翔实、引人入胜，我愿意向青少年和对旅行、人类航海历史感兴趣的广大读者推荐这本书。

中国科学院院士
2023 年 7 月

写在前面

我的家乡云南昆明是一个内陆城市,离海很远,但是这里的人一直有一种海洋情结:我们把云南最大的高原湖泊滇池看作海,将滇池的堤岸叫作海埂;昆明城里比滇池更小的翠湖中间有一座亭子,我们称其"海心亭";甚至昆明的一个洼地,我们也把它叫作"干海子",认为它在历史上是海。当然,这一切也不是无稽之谈,在昆明附近,挖掘出了很多古海洋生物化石,说明沧海桑田,这里确实曾是海洋。

我从小就向往海洋,我能用中文和俄文背诵莱蒙托夫的《帆》,因为它寄托了我对海洋的憧憬和向往。记得高中时第一次在广东湛江看到海,我立即捧了海水来尝一尝是不是咸的。由此,我一直对人类大航海的历史非常感兴趣,也读了很多相关图书。在有条件旅行的时候,我有意识地按照历史上人类大航海的发现足迹,设计了自己的旅行路线,并用很多年不断地实地探访,去找寻人类大航海的历史遗迹。这本书就是我十多年追寻航海家旅程的记录,书中我以文字和照片的形式与读者分享我的旅行,并结合我读过的相关图书传达我的感悟。

目录

1 人们为什么要航海 / *1*

2 从葡萄牙开始了解人类大航海 / *7*

3 南非、好望角和迪亚士 / *21*

4 印度航路、香料与达·伽马 / *29*

5 巴西、葡萄牙和卡布拉尔 / *39*

6 航海家麦哲伦的人生轨迹 / *51*

7 从马德里到加的斯——了解西班牙航海史 / *67*

8 在南美洲追随哥伦布的足迹 / *91*

9 大洋何处不库克 / *125*

10 在德雷克海峡认识德雷克 / *135*

11 寻找郑和的国内足迹 / *143*

12 寻找郑和的海外足迹 / *151*

13 南极和北极极地探险 / *199*

14 回顾一些具有历史性意义的航行 / *219*

15 盘点世界主要航海家 / *243*

1
人们为什么要航海

历史上的地理大发现指15—17世纪以葡萄牙和西班牙为首的欧洲航海家开辟新航路和"发现"新大陆的过程。在地理大发现中,欧洲航海家发现了许多当时欧洲不为人知的地理标志、国家与地区,如发现了好望角、美洲大陆、澳大利亚大陆、太平洋诸岛等,通过环球航行证明了我们生活的地方是一个球体,使人类对地球的认识产生了飞跃。

但除了对地球奥秘的探索兴趣外,大航海的直接驱动力主要是经济利益,尤其是对香料和黄金的追求。

今天我们餐桌上普遍使用的胡椒原产于印度,辗转到达欧洲后,变成了昂贵无比的香料,与之类似的还有肉豆蔻、桂皮等。欧洲人觉得加上很少的香料之后,原本味同嚼蜡的食物马上变成了神奇的美味。当时控制香料交易的阿拉伯人利用欧洲人对香料的一无所知,编造出种种魔幻神话,抬高了香料的身价,尤其是欧洲黑死病流行之后,人们相信胡椒可以预防和治疗种种可怕的疾病,一时间香料价格飞升。

除此之外,意大利威尼斯人马可·波罗写的《马可·波罗游记》在欧洲流传甚广。在书里,马可·波罗号称他在中国和东方其他国家或地区居住了17年,那里遍地黄金。面对别人的质疑,马可·波罗说,他书里写的都是事实,而且书里所写的不及他看到的十分之一。在欧洲实行金本位制的背景下,西欧王室、商人和新兴资产阶级间掀起了到东方寻找黄金的热潮。

但问题是出产香料的印度、遍地黄金的中国距离欧洲陆路遥远,而奥斯曼帝国当时控制了亚洲和欧洲的陆上通道,因此欧洲亟待开辟通往印度和中国的新道路。

即便如此,被称为地理大发现的大航海直到15—17世纪才发生,这与技术发展密切相关:中国发明的罗盘经阿拉伯人西传后于14世纪

欧洲人想象中的印度香料岛

欧洲人想象中的东方

马可·波罗一行觐见中国皇帝的图画　　印度在西方人眼中是神秘的国度

时在欧洲得到应用,使航行从观测日月星辰到准确定位,在阴雨风暴中也不致迷失方向;以葡萄牙领先的欧洲造船技术有了巨大突破,多桅多帆的大船可以搏击风浪;在地圆学说的引导下,人们绘制的地图准确性有了提高。

尽管大航海的驱动力主要是利益,还是要有一些"冠冕堂皇"、鼓舞人心的理由:为了天主教的传播,必须冲破人为的封锁;为了王权

大航海完成后的世界地图

的扩大,必须拓展王国的疆域。欧洲文艺复兴提倡的冒险进取精神,也为大航海注入了新的动力。

于是,欧洲的大航海时代开始了。

 **旅途思考**

大航海时代前人们对地球的认识

从人类有文明史以来,人们就开启了对所居住环境的探索。人造卫星上天以后,终于拍摄到了地球的真实影像。如今,我们生活的地球是个球体不难理解,但人类对地球的认识经历了一个漫长的过程。

第一阶段是平面说。

中国对地球的认识,很长时间内采用的是"盖天说",即"天圆地方"。这一说法最早见于《晋书·天文志》:"周髀家云:'天员(圆)如张盖,地方如棋局。'"这一学说认为我们生活的土地是整个宇宙的中心,太阳、月亮、星辰都是悬挂在天上的。

同样的猜测也出现在世界其他文明中。古印度人认为海洋中漂浮着一只巨大的海龟,其背上驮着三头大象,大地由这三头大象托着,地震就是由大象的动作引起的。古代俄罗斯人认为大地像一块巨大的盾牌,由海洋中的三条鲸鱼托着。

第二阶段是地圆说。

在"盖天说"的基础上,东汉张衡提出了"浑天说"。《张衡浑仪注》中写道:"浑天如鸡子。天体圆如弹丸,地如鸡子中黄,孤居于天内,天大而地小。天表里有水,天之包地,犹壳之裹黄。"认为整个宇宙是一个巨大的球体,地球处于中间,太阳、月亮、星辰都在"天球"中围绕地球运行。"浑天说"相较"盖天说"有了很大进步,但仍认为地球是稳定不动的中心。

在欧洲,由古希腊学者欧多克斯提出,又经托勒密进一步发展的"地心说"认为,宇宙是一个有限的球体,分为天地两层,地球位于宇宙中心静止不动,所以日月围绕地球运行,物体总是落向地面。

对地球认识的进步是从古希腊数学家毕达哥拉斯(前572—前497)开始的,他在海边发现,远处行驶来的帆船总是先出现桅杆,再出现船身,所以认为地球的表面是弧形的。地球概念的真正奠基者是希腊的亚里士多德（前384—前322），他观察月食时，看到月球上地球具有弧度的影子，由此推断地球是一个球体。

既然地球是个球体，而且陆地都被海洋围绕着，那么，从某一个点出发的航船如果始终朝着一个方向前进，应该可以回到原点。这个基本假说激励着航海探险家展开探索，但受航海技术所限，直到麦哲伦第一个环游地球之后，地球才被证实确实是个球体。

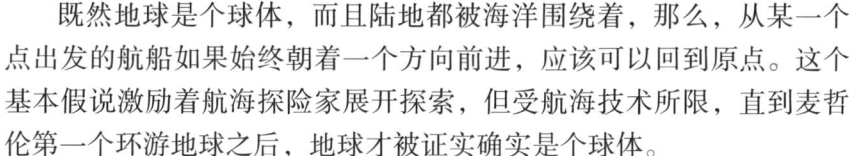

1 人们为什么要航海

2

从葡萄牙开始了解人类大航海

追寻航海家远行航程的旅行

从我20世纪90年代第一次到葡萄牙旅行，到2018年再去葡萄牙已经相隔22年。我发现葡萄牙首都里斯本几乎没有什么变化，站在建于11世纪中叶摩尔人占领时期的圣乔治城堡上可以俯瞰旧城区，有上百年历史的石块铺设的街道蜿蜒曲折，狭窄的街道上上下下，靠钢绳拖拽的上坡缆车是里斯本的一道风景。罗西奥广场上，佩德罗四世（Pedro IV）的纪念雕像高高耸立。从拜克萨商业区到贸易广场，是里斯本的闹市区，里斯本建筑以红色屋顶和黄色墙壁为主，红色铁艺窗台、铁门是一大特色，加上铁皮玻璃街灯，展示着古老的城市风貌。在里斯本的街道上，行人不慌不忙地走着，他们身上的服饰与意大利米兰服装的时尚、法国巴黎时装的摩登、北欧服饰的优雅相比显得朴实无华。

里斯本城堡和老城区

葡萄牙国土面积为92 152平方千米，人口有约1 043万，有些人会认为这只是一个蕞尔小国。然而，历史上葡萄牙是第一个世界性帝国，也是建立最早、持续最久的殖民帝国，其殖民活动长达600年。葡萄牙帝国全盛时期面积达1 040万平方千米，曾包括世界53个国家和地区。从北非的摩洛哥起，安哥拉、黄金海岸（今加纳）、几内亚比绍、马达加斯加、莫

辛特拉

桑比克，大西洋上的亚速尔群岛，还有南美洲的巴西、乌拉圭，亚洲的缅甸、锡兰（今斯里兰卡）、马六甲、马尔代夫、葡属印度、东帝汶以及中国澳门都曾经在葡萄牙的版图上。更不可思议的是，葡萄牙语居然是世界上 2.4 亿人的共同语言，也是世界第六大语言。

里斯本给人的印象是如此朴素，充满历史沧桑。有人开玩笑说，在这里照相，用黑白模式就行了。但离里斯本不远，有一个值得去的地方，那里五彩斑斓，多样的建筑风格反映了葡萄牙的复杂历史，这就是距离里斯本仅仅几十千米的世界文化遗产辛特拉小镇（Sintra）。

辛特拉是一座山丘上的城镇。历史记载罗马人早在公元前 2 世纪就在此地居住，并长期将它作为罗马帝国奥里西波城的一块领地。8—12 世纪，在长达 400 多年的穆斯林统治时期里，它作为里斯本的属地，成为里斯本之外的城市中心。1147 年，葡萄牙首任国王阿方索一世占领里斯本，使辛特拉回归基督教世界。此后的 100 多年里，辛特拉修建了皇帝行宫和男、女修道院。15—16 世纪，贵族们在此地建起了形状不一的私家别墅，辛特拉成为皇族和显贵们的度假天堂。虽然西班牙统治时期，皇室遗弃了辛特拉宫，但葡萄牙独立后，摄政王斐迪南德二世在 19 世纪将一座修道院旧址改建成了更豪华的佩纳宫（Pena），辛特拉进入高光时代，从四面八方涌入的艺术家把它誉为"月亮女神之庄园"。了解了这一段历史后，你就能理解为什么辛特拉的建筑有哥特式、摩尔式，以及曼纽尔式、巴洛克式和意大利式等，其异国情调常使人联想到几百年历史的沧桑变幻。

如今的辛特拉保留下来的宫殿很多，乘环形巴士可以直达山巅，拥有粉红色城墙的佩纳宫像童话中的城堡，在不同高度还有鲜艳的红、黄两色装饰。宫殿除了外观美丽，收藏品亦十分丰富。山顶上白色烟筒状建筑辛特拉宫有浓厚的摩尔建筑风格，但内景富丽堂皇，彰显出豪华的葡萄牙风格。葡萄牙特色瓷砖装饰着墙壁和地面，室内有名贵的古典家具，皇亲贵胄的家族徽章琳琅满目。宫廷收藏有中国的青花瓷器，这些当时欧洲最时髦的奢侈品吸引着游人的目光。远远望去，山坡上的辛特拉小镇掩映在绿色中，形形色色的别墅以皇宫附近的城市广场为中心星罗棋布，但游客必须经过斗折蛇行的狭窄街道和一座座美丽的花园才能到达。在辛特拉山顶，可以远眺摩尔人的城堡遗迹，这些遗迹很像中国的长城，当然规模要小得多。

如果你游览里斯本的时间有限，最有特色的摄影地点无疑是贝伦

里斯本贝伦塔　　大航海纪念碑西面局部

大航海纪念碑

大航海纪念碑东面局部

塔。贝伦塔位于特茹河的入海口，是葡萄牙帝国时期利奥二世1514年为防御而建造的，曾经被用作灯塔、海关，甚至监狱。说是塔，实际上它更像一座城堡。这座白色大理石建筑在蓝色天空的映衬下有历经沧桑的魅力，我第二次来到这里时遇到涨潮，致使贝伦塔远看像浮在水面上，说它是一座精巧的艺术建筑可能更为恰当。

贝伦塔看起来不高，分为五层，上有作为防御城堡设立的16座炮台，游客通过吊桥方能进入城堡。登上第二层，露台装饰华丽，有一个巨大的石刻曼努埃尔一世国王之盾。在城堡内部，可看到四个有拱顶的房间，窗台上有精细石刻，装饰风格类似基督教风格，融合了一些东方和伊斯兰元素。城堡内生活用的壁炉和祈祷用的小礼拜堂虽小，但十分精致。1983年，贝伦塔和哲罗姆派修道院作为一个整体被联合国教科文组织列入世界文化遗产。

贝伦塔东边几百米有一座宏伟的白色石雕建筑，就是著名的大航海纪念碑（Padrão dos Descobrimentos），是1960年为纪念航海家亨利王子（Henrique Navegador，1394—1460）逝世500周年而建立的。其外形如同一艘展开巨帆的舰船。站在船头，右手托着帆船模型、左手拿着地图的人即亨利王子，亨利王子手里的帆船模型可不是一般的装饰，他是亨利王子亲自参与设计的新型帆船，正是这一重大革新使葡萄牙拥有了能抵御大西洋风暴的坚固船只。

紧跟在亨利王子身后的是为葡萄牙大航海事业作出贡献的人物，东、西两侧各有16名。网上有人说，这些人物是跟随亨利王子航行的水手，或者言之凿凿地说哥伦布位于第四位，这显然不对。我们应当知道，这是葡萄牙为纪念亨利王子而建的，所以雕塑上的都是为葡萄牙大航海事业作出杰出贡献的人物，所以当然不会包括其他国家的航海家，例如我们下面将提到的出生于热那亚、效力于西班牙的航海家哥伦布，英国航海家德雷克等。

纪念碑的33名雕像人物包括开辟印度航路的达·伽马（东侧亨利王子后第三位）、最早到达巴西的卡布拉尔（东侧亨利王子后第五位）、世界上第一个进行环球航行的麦哲伦（东侧亨利王子后第六位）、发现从好望角到非洲航线的迪亚士（东侧亨利王子后第十二位）等著名航海家。除了航海家外，雕像中还包括一些重要的皇室成员，如亨利王子的母亲兰卡斯特（西侧亨利王子后第一位），她是葡萄牙国王若昂一世的皇后，这是纪念碑人物中唯一的女性形象；阿方索五世（东侧亨利王子后第一位），他是统领葡萄牙在非洲开拓殖民地的重要君主。雕像群还包括对大航海作出贡献的科学家和传教士，还有讴歌航海创举的著名诗人卡蒙斯（西侧亨利王子后第十二位）、绘制航海图卷的画家贡萨尔维斯（西侧亨利王子后第十一位）等。这些人分两列簇拥着亨利王子，寓意王子带领葡萄牙开启航海大发现、开拓海洋的光辉历史壮举。

需要补充说明的是，这是为纪念葡萄牙200多年大航海事业而建立的纪念碑。雕塑中的人物并不都生活在同一时代，例如著名航海家达·伽马是在亨利王子去世那年——1460年才出生的。

远看纪念碑，上端有三面风帆浮雕，从纪念碑的背面看去，可见一柄长剑，与剑的护手构成一个巨大的十字，寓意上帝保佑葡萄牙船队乘风破浪。

在大航海纪念碑前面的广场上，有一幅直径50米的由碎石镶嵌而成的世界地图，上面标记着葡萄牙航海船队开辟世界航线、到达新大陆的时间和线路，到达下列地点的时间依次为非洲好望角（1488年）、印度（1498年）、巴西（1500年）、马来半岛（1511年）、中国（1514年）和日本（1543年），铭刻下葡萄牙在世界航海事业中的丰功伟绩。

亨利王子邮票

热罗尼莫斯修道院

2 从葡萄牙开始了解人类大航海

让我们首先来认识一位自己不曾出海而被公认为世界最伟大的航海家之一的亨利王子。

亨利王子（1394—1460）全名唐·阿方索·恩里克。由于他对航海的贡献，人们将他的名字直接变成了航海家亨利王子。

亨利王子出生于葡萄牙名城波尔图，其父是葡萄牙国王约翰一世，其母是从英国嫁到葡萄牙王室的兰卡斯特公爵的女儿。亨利王子性格刚毅、志存高远，从小接受良好教育，他博览群书，历史、地理、外交、国家管理知识兼收并蓄。

1415年，年方21岁的亨利王子随父出征北非摩洛哥的休达，战争目的是削弱当时强大的穆斯林对伊比利亚半岛的影响。年轻的亨利王子初出茅庐就一举成名，他屡建战功、智勇双全，令人刮目相看。约翰一世对休达的征服标志着葡萄牙王国成为海上强权的开始。

休达战役后，亨利王子对非洲的富饶美丽印象深刻，他认为地球上一定还有未知的大陆因隔着海洋而未被文明社会知晓。同时，亨利王子通过学习历史地理知识得到启示：葡萄牙这样的小国土地贫瘠、出产贫乏，仅有的优势是海港，因此葡萄牙强国的唯一希望是开拓海洋，如果成功，将开辟葡萄牙历史上的新纪元。

亨利王子将毕生精力贡献于葡萄牙的航海开拓事业，他离开皇宫，放弃奢华的宫廷生活，在葡萄牙西南角荒凉的萨格里什建立了人类历史上第一所航海学校后，又建造了一座天文台。他从欧洲找来具有渊博知识的天文学家、地理学家和数学家，在全世界搜集地理、气象、天文和航海资料，绘制出历史上前所未有的定位准确的地图。他亲自安排教师传授航海技术，亲自参与改进造船技术，他还促进王室采取许多优惠措施来鼓励造船，如建造100吨以上船只的人都可以从皇家森林免费得到木材，其他必要的材料可以免税进口。经过努力，葡萄牙终于在萨格里什造出了适宜远航的卡拉维尔帆船，这种远航船能够应对大西洋上的惊涛骇浪。

亨利王子在1418年首次派出远航船队，短短几年就取得包括发现马德群岛的桑托斯港岛、马德拉岛、亚速尔群岛等在内的辉煌成就。1430年以后，亨利王子组织的葡萄牙航海船队先后发现了西非的几内亚、塞内加尔、佛得角和塞拉利昂。葡萄牙成了欧洲的航海中心，葡萄牙造船技术、航海家团队均位居世界顶端，葡萄牙引领了世界的地理大发现，葡萄牙航海家举世闻名。亨利王子是葡萄牙航海事业的中心人物，他领导和组织科学航海探险活动长达30多年，开启了15世纪伟大的地理大发现时代（Age of Discovery），为葡萄牙崛起进而成为海上强国奠定了基础。亨利王子是葡萄牙最受崇拜的英雄，也是世界公认最伟大的航海家之一，尽管他本人并不航海。

亨利王子1460年病逝于萨格里什，享年66岁，他的灵柩埋葬在巴塔利亚皇家修道院里（1983年，这座修道院被联合国教科文组织世界遗产委员会列为世界文化遗产）。除了大航海纪念碑因亨利王子而建外，在他的家乡波尔图另有一座他的雕像纪念碑。遗憾的是，亨利王子没能看到达·伽马开辟印度航路的壮举，更没看到随后2个多世纪葡萄牙在地理大发现时代的辉煌成就。

从大航海纪念碑步行几分钟，即可到达著名的热罗尼莫斯修道院（Mosteiro dos Jeronimos）。这座修道院名气很大，是葡萄牙辉煌航海时代的见证。为纪念达·伽马发现印度给葡萄牙作出的伟大贡献，国王曼努埃尔一世亲自策划兴建了这座修道院。修道院自1502年动工，历时50年才建成。以后，航海家们在出海前到这个修道院祈祷就成为葡萄牙远航的传统。修道院规模宏大，以白色大理石建筑而成，有宽大的庭院，建筑物浑然一体、雕刻精细、华美庄严、气势磅礴。人们把热罗尼莫斯修道院和贝伦塔的建筑风格称为曼努埃尔风格。

达·伽马去世后在热罗尼莫斯修道院隆重下葬，他的灵柩位于入口处左侧。这座修道院里还安葬着航海时代葡萄牙的国王和王后，以及葡萄牙著名诗人卡摩安兹。

修道院建筑的一侧是葡萄牙海事博物馆（Museo de Marinha），于1963年建成对外开放，展示葡萄牙辉煌的航海历史和深厚的航海文化底蕴。博物馆陈列着15世纪至今葡萄牙航海的重要帆船模型，以及船上的装饰、航海仪器、大炮等。馆内还收藏有大量与航海相关的历史绘画作品和考古发现。博物馆有两层，一层陈列军用船只，另一层陈列民用船只。18世纪葡萄牙王室玛丽亚一世使用过的豪华游艇曾经被使用了近200年。

葡萄牙首都里斯本以西的罗卡角是欧洲大陆的最西端，是受旅游者喜爱的打卡地。从贝伦塔附近的贝伦火车站乘火车到卡凯斯（Cacais），再转公共汽车就可到达距离里斯本大约40千米的罗卡角。罗卡角位于北纬38度47分、西经9度30分，山崖上建有一座红色灯塔，山崖脚下大西洋惊涛拍岸。灯塔侧面有一座纪念碑，顶部有金色的十字架，下面刻写着令人血脉偾张的话：陆止于此，海始于斯。

葡萄牙厚重的历史文化使它拥有众多历史文化遗产，有两个距离里斯本不远的城镇值得一去。

首先是阿尔科巴萨，从里斯本乘公共汽车大约2小时后到达，再步行十几分钟就是阿尔科巴萨修道院（Monastery of Alcobaca），这里1991年被列入世界文化遗产。

阿尔科巴萨修道院正面雕刻精细，三座尖顶对称分布，大厅气势恢宏，有美丽的拱顶、有特色的礼拜堂和庭园。

令这座修道院出名的是位于大厅两侧遥遥相望的国王佩德罗一世（Pedro Ⅰ）和他的王后茵纳丝（Ines）的两座黑色大理石棺椁，棺椁上有两个人的睡姿雕像，这里隐藏着一个凄惨而惊世骇俗的爱情故事。

1340年，出于政治联姻需要，阿方索四世国王（Alphonse Ⅳ）强迫年轻的王储佩德罗迎娶

阿尔科巴萨修道院

佩德罗一世和爱妻茵纳丝的灵柩

西班牙卡斯蒂利亚王国的公主康丝坦莎。然而，佩德罗早已爱上宫廷女子茵纳丝，被迫与康丝坦莎过了几年毫无感情的生活。康丝坦莎死于难产后，佩德罗带着茵纳丝搬迁到科英布拉行宫生活，但国王阿方索仍然坚持要扼杀这段感情，他派遣3名杀手趁佩德罗狩猎外出时潜入科英布拉茵纳丝的寝宫，残忍地割断了她的喉咙。

愤怒和失去爱人的悲伤使佩德罗与父亲反目成仇。一年后，阿方索四世去世，正式登基的佩德罗一世立即复仇：杀死了3名杀手，把他们的心挖出来献祭；又把死去一年的茵纳丝的遗体移出棺材安放在王后的宝座上举行王室正式婚礼，下令王公大臣们逐一亲吻王后冰冷的手指，令人毛骨悚然。佩德罗一世此后终生未再娶，临终前他立下遗嘱，死后将他和茵纳丝的棺椁面对面地安置在阿尔科巴萨修道院，从此永不分离。

距离阿尔科巴萨修道院20千米处，是另一座世界文化遗产巴塔利亚修道院（Monastery of Batalha）。两地间也有公共汽车，但很难遇到合适的时间。我们是乘出租车过去的，20多分钟，花费27欧元。

巴塔利亚修道院是一座巨大的建筑群，外面是宽阔的广场，中间有国王若昂一世的将军努诺·阿尔瓦雷斯·佩雷拉（Nuno lvares Pereira，1360—1431）的骑马铜像。修道院以黄色石头砌成，浑然一体，历经岁月后，有黑色印迹显示沧桑。

我到巴塔利亚修道院，主要原因是这里安放着葡萄牙航海领导者亨利王子的灵柩。前面我已经详细介绍了这位开创了大航海时代，自己却不航海的伟大航海家。

还有一座被誉为"城市博物馆"的葡萄牙城市值得一去，那就是与达·伽马有关的埃武拉（Evora）。我从里斯本东站乘坐9：30的火车，乘车约一个半小时到达埃武拉。

埃武拉由罗马人始建于3世纪，城中心高高的基座上有当年供奉月亮女神的罗马神殿遗迹，规模不大，仅存的14根石头圆柱漆黑，尽显历史沧桑。建于16世纪的高高的水道桥最具罗马特色，虽然早已废弃不用，但至今保存完好，长达数千米。罗马帝国灭亡后，埃武拉曾长期被摩尔人占领，城墙上的圆锥形尖塔体现出阿拉伯建筑特色。葡萄牙国王唐·阿方索·恩里克将埃武拉从摩尔人手中夺回，这里之后成为葡萄牙王室行宫之一，因此，埃武拉的建筑融合了罗马、巴洛克、摩尔、曼努埃尔等风格，有50多座大小教堂和修道院，被誉为"博物馆城市"而入选世界文化遗产。常常被人们提及的圣弗朗西斯科教堂西厅是人骨教堂（Capelados Ossos），教堂内从墙壁到柱子都由整齐排列的约5 000具死去教徒的头颅和长骨叠筑而成。源自天主教圣方济各教派的类似教堂还有两座，分别位于意大利罗马和捷克库特纳霍拉。看到入口处刻着的警句"我们的尸骨在此等待你们的尸骨"，你是能领会创建者"人生短暂"的哲理而会心一笑，还是毛骨悚然地落荒而逃呢？

巴塔利亚修道院和亨利王子灵柩

古城埃武拉

　　成立于1559年的埃武拉大学历史悠久，我在这里遇到一位医学教授，他带我参观，并教会我将中心大理石喷泉作为标记，以避免在上下坡的曲折道路中迷路。其间，我们交流了许多。

　　埃武拉是罗马天主教在葡萄牙的三个总教区之一，埃武拉主教座堂始建于12世纪，是历史中心最重要的古迹之一。教堂正面是花岗岩建造的两个高高矗立的方形塔，右侧塔上有一个方形座钟，左侧则为两个圆拱形窗户，看来并不对称。教堂有黄金权杖、圣玛丽亚象牙雕塑和古典绘画等珍贵文物。1497年，达·伽马在启程寻找印度航程前夜曾在此祈祷，出航后果然得到神明护佑，发现了印度并顺利返航。因此，这里是葡萄牙航海的圣地之一。教堂外的公园里有一座达·迦马雕像，我与雕像合了影。

 **旅途思考**

葡萄牙航海和殖民活动的兴衰

　　在欧洲，葡萄牙是殖民历史最为悠久的国家。这一历史的开端以1415年葡萄牙国王若昂一世攻陷苏丹的军港城市休达为标志，葡萄牙

作者在罗卡角

王国从此成为海上强权帝国。

大航海时代中，16世纪起葡萄牙成为重要的海上强国，在亚洲、非洲和美洲建立起大量殖民地，全盛时期的葡萄牙帝国曾包括世界53个国家和地区。但19世纪起，葡萄牙的国力开始逐渐衰退。1822年葡萄牙最大殖民地巴西的独立成了一个巨大的转折点。1910年10月，葡萄牙废除君主政体成为共和国。第二次世界大战后，在非洲安哥拉、几内亚比绍和莫桑比克等地区爆发了长达7年的殖民地独立战争，葡萄牙曾试图阻止殖民地的独立运动，但在殖民地的抵抗运动和国际社会支持下，几内亚比绍、莫桑比克、圣多美和普林西比、佛得角群岛、安哥拉等相继宣布独立。至1975年，除了亚速尔群岛及马德拉群岛外，葡属非洲殖民帝国已经基本瓦解。在亚洲，印度1961年攻打并收复了葡萄牙位于印度的殖民地果阿和达曼－第乌两地。1999年12月20日，中国对澳门恢复行使主权，从而结束了葡萄牙的殖民统治。2002年，东帝汶也获得独立，长达近600年的葡萄牙殖民帝国史正式结束。

2 从葡萄牙开始了解人类大航海

3

南非、好望角和迪亚士

追寻航海家远行航程的旅行

在非洲的几十个国家中,南非最为中国人所熟知,因为它是"金砖五国"之一。曼德拉的事迹也为中国人所熟悉。位于非洲大陆最南端的南非,全名南非共和国(The Republic of South Africa),有"彩虹之国"之美誉,黄金、钻石生产量均列世界首位。旅行社推崇它,因为在那里既可看到野性的非洲动物,又有舒适的酒店和便捷的交通。

南非有好几个首都。位于东北部的是南非行政首都比勒陀利亚,西南沿海有一个立法首都是开普敦,中部还有一个司法首都布隆方丹。比上述城市更有名的南非最大城市约翰内斯堡并不是首都,但距比勒陀利亚不远。

比勒陀利亚有一座先民纪念馆,这是一座黄色砂石建造的宏伟厅堂,以浮雕讲述从荷兰来的白种人的创业和迁徙史,当然是白种人自己承认的历史。其实南非这块土地是人类祖先的发祥地之一。南非经历了漫长的殖民地历史,开始是荷兰,后来长期为英国殖民地,直到1961年5月才独立为南非共和国。白种人在统治南非时期,长期推行的种族歧视和种族隔离政策,并因此而臭名昭著。1994年4月27日,南非首次举行了不分种族的大选,产生了制宪议会和新政府,终止了种族隔离制度。

我们从广州转机到南非行政首都比勒陀利亚。这次游览的教堂广

比勒陀利亚的先民纪念馆

场、市政厅、议会大厦等以及宏伟的总统府、钻石加工厂、有巨大塑像的曼德拉广场、豪华的购物中心森德城似乎都反映着现代南非已成为非洲的第二大经济体，是非洲经济强国。但导游不断提醒我们，南非治安仍然恶劣，甚至在教堂广场这样的中心地带都劝阻我们下车照相。

下午，我们到达南非著名的太阳城，这是南半球最大的娱乐中心，以娱乐、博彩、美食著称。拥有338个房间的皇宫大酒店是世界十大酒店之一，酒店从外观到室内装饰都以非洲野生动物为题材，室外交叉展示的象牙、大厅的猛兽标本、客房内的鹿角装饰，野生动物元素比比皆是。太阳城最著名的景观是"失落的城市"，主体是一个模拟重建的古代废墟，有一座约100米长的人行桥，每隔1小时会发出隆隆巨响，裂缝冒出滚滚白烟的同时桥体剧烈震动，给人山崩地裂的恐怖感觉。据说这是重现当年高度文明城市亚特兰蒂斯被地震和火山爆发毁灭的场景。太阳城闻名于世，近年有好几届环球小姐在此评选，而南非小姐常常摘得桂冠。酒店的海滩尽显浪漫，我们到这里时突降大雨，看了一场海滩边泳装女郎四处奔逃的惊艳表演。

次日上午，我们乘车前往南非的野生动物园——比林斯堡野生动物保护区追踪动物，导游指导我们寻找树丛中的白腹鹫、苍鹰、信天翁、鹰隼等，然后是成群行走的角马、四处乱窜的野猪、敏捷的羚羊、在树丛中时隐时现的斑马，还有丛林中躺卧着的一对狮子。但南非野生动物的种类、规模都不可与肯尼亚、坦桑尼亚同日而语，比起南非的邻国博茨瓦纳、纳米比亚也大为逊色。

我们又游览了南非的母城开普敦。桌山是开普敦乃至南非的标志性景点，晴天可乘缆车登临，阴天远远看去，浓云笼罩在桌山山顶，这就是传说中的"上帝的桌布"。离开普敦不远处的哈曼奴斯（Hamanus）是一个著名旅游小镇，以可观看鲸而驰名。我见过朋友在9—10月拍摄到的成群的鲸挤在岸边的照片，可我们只远远地看到两头鲸，也照了相，但对照片不满意。导游说，这是季节的关系，但"你们已经圆了一生中看一次鲸的愿望了"。

其实在我到过的非洲国家中，我并不喜欢南非。如果要看野性非洲，看草原上动物的生存竞争，应当到肯尼亚和坦桑尼亚。如果单纯想要了解风土人情，应该到马里看通布图和杰内泥造清真寺，看莫布提的原始部落和部落的图腾，以及保留着几千年前生活习惯的非洲原住民。而南非，给我的感觉是为了迎合欧美审美而失去了非洲的特点。

但南非有一个地方是非去不可的，那就是好望角。

追寻航海家远行航程的旅行

好望角

  我们是从开普敦先乘船游览海豹岛之后再到好望角的。游艇出行时风浪很大，为了看景和摄影，我披着薄薄的塑料雨衣坚持待在甲板上，全身湿透。我拍了不少海豹聚集的照片，只是海豹皮毛光华，又呈黑色，缺乏美感。附近还有一个景点是企鹅岛，可以看到摇摇晃晃的非洲企鹅（African penguin），它们体型很小，但一样憨态可掬。

  从海豹岛到好望角上岸，乘登山车到好望角角点灯塔（Cape Point），我们观赏了一望无际的大西洋及印度洋。海边好望角观景台有一个巨大的木头横牌，上面写着"Cape of Good Hope"（好望角）字样。每年有数十万人专门来这一世界闻名的景点拍照，将其作为自己到达非洲大陆最南端的纪念。正在此时，导游向我们解释真正的非洲最南端应当是距离此地东南方约150千米的厄加勒斯角（Cape Agulhas），但想必没有人愿意听这一"煞风景"的话。

  好望角是葡萄牙著名航海家迪亚士的成名之地，也是他的葬身之地。这里说的迪亚士是巴尔托洛梅乌·谬·迪亚士（Bartholmeu Dias，约1451—1500）。

  迪亚士出身于葡萄牙的一个贵族家庭，他从青年时期就参与海上探险，积累了丰富的航海经验。迪亚士曾跟随远航船只到过西非的一

3 南非、好望角和迪亚士

些国家。13世纪中后叶，西方受《马可·波罗游记》描述东方遍地黄金的诱惑，迫切希望冲破奥斯曼土耳其帝国对东西方交通要道的控制，开辟贸易航线到东方寻找黄金和香料。迪亚士受葡萄牙国王若昂二世委派，率领两条武装舰船和一艘补给船，于1487年8月从里斯本出发，去寻找非洲大陆的最南端，以开辟一条去往印度的新航路。

迪亚士船队离开里斯本后，沿非洲西海岸航线向南航行，到达葡萄牙设在非洲沿岸的最后一个据点——黄金海岸的米纳堡后继续航行。1487年12月，船队到达孔塞桑湾（现鲸湾），航行相当一段距离后遭遇风暴，船队被风浪向南推去，远离了海岸线。待风暴结束后，迪亚士船队无法再找到原本南北走向的非洲大陆海岸，于是转而向北航行。1488年2月3日，海岸线再次出现，证明船队已经成功绕过了非洲大陆最南端。在返航途中，迪亚士发现船队当初遭遇风暴的地方实际是大陆南端的海角，于是将其命名为"风暴角"。迪亚士成功开辟了大西洋和印度洋之间的东方航线，使欧洲可以绕过伊斯兰世界直接与印度和亚洲其他地区开展贸易。1488年12月，经过16个月的长途航行，迪亚士船队返回了里斯本港。迪亚士航行的成功得到了葡萄牙王室的嘉奖，葡萄牙国王若昂二世将"风暴角"改名为"好望角"。

迪亚士

在这次航行中，迪亚士是在返航行程中发现好望角的。当时迪亚士认为他的船队已经快要找到通往印度的航线了，只是由于长期海上航行，船员身心疲惫，不愿意继续前行，迪亚士不得不让步返航。因此在1497年，迪亚士再次率领4艘大型舰船远航。

将"风暴角"改名为"好望角"并不能改变这里风暴肆虐的特征，好望角从被发现以来就是世界上最危险的航海区域，那里狂风时时呼啸，惊涛骇浪常年不断，冬季还频繁出现波高15～20米、前端如悬崖峭壁翻卷的"杀人浪"，有时还加上极地风引起的旋转浪，海面如同滚锅，吞噬了数以千计的船只。气象学家认为是来自印度洋温暖的莫桑比克厄加勒斯洋流和来自南极洲水域寒冷的本格拉洋流的汇合造成了风暴，而水手们更愿相信有妖魔控制着船只的命运。1500年5月，迪亚士船队航行途中发现一颗彗星划过天际，向好望角方向落去，惊呼可能会大难临头。结果一语成谶，5月24日，船队在航经好望角附近时遇到大西洋

25

迪亚士发现的波浪滔天的好望角　　南非企鹅

飓风，剧烈风暴将四艘舰船全部掀翻，船上人员包括迪亚士在内全部遇难，迪亚士最终还是没能到达真正的印度。

葡萄牙还有一位也叫迪亚士的航海家，即第奥古·迪亚士（Diogo Dias），是巴尔托洛梅乌·谬迪亚士的兄弟，曾先后跟随达·伽马、卡布拉尔航行。他在航行中，因暴风雨偏离航线，意外发现非洲最大的岛屿马达加斯加岛，他还曾发现佛得角群岛的部分岛屿。

现代航海中，来往于亚欧大西洋和太平洋的船只大多会选择走苏伊士运河，除非是无法进入苏伊士运河的特大油轮才会走好望角航道——人们仍然谈好望角色变。我们搭乘的船只航行至海豹岛附近时就遇上风浪，尽管不大，船长也在胸前划起十字，他告诉我，今天的风浪已经是恶魔最仁慈的见面礼了。

 **旅途思考**

航海、航海家与人类航海简史

航海是人类在海上航行，跨越海洋，由一方陆地到另一方陆地的

好望角的海豹岛

活动。航海家（Navigator）指以航海为职业的人。由于古代海上航行充满未知的风险，古代航海家也是探险家。

航海历史的发展离不开航海科学技术的进步。决定航海成功的四个因素是：适合远航的坚固船只、在海上辨别方向的工具和技术、指引航海目标的航路地图、富有经验的航海家和水手。

古埃及是人类文明发源地之一，也是人类最早进行航海活动的地方，这一历史可追溯到4 000多年前。历史学家认为，埃及考古发现的桅杆上挂着四方形单横帆的木船是人类文明史上所能见到的最古老、最原始的风帆船。

古代历史中最早拥有"航海文明"或者"海洋文明"的文明有古希腊文明和迦太基文明，它们的共同特点是依海而生、有高超的造船和航海技术。但早期，航海作为人们的谋生手段与海盗生涯难以分开。希腊的文明标志《荷马史诗》中，充斥着对海盗的赞美诗篇。前8世纪左右，地中海东岸的腓尼基人在整个地中海打劫一切能打劫的目标。腓尼基人依靠掠夺积累了巨大的财富后，最终成立国家，并在北非沿岸建立了迦太基殖民地。

将海盗作为职业的还有北欧斯堪的纳维亚的丹麦人、挪威人和瑞典人，他们被称为维京人，就是海盗的意思。维京人在8—11世纪长达300年的时间里令欧洲闻风丧胆。

15—17世纪是东西方航海事业大发展时期。以葡萄牙为代表的造船技术的改进、指南针的航海应用、投影绘制的精确现代海图的出现使航海事业迅速发展。1405—1433年，中国航海家郑和率船队七下西洋，历经30多个国家和地区，远航至非洲东岸的现索马里和肯尼亚一带，成为中国航海史上的创举，也是世界航海史中绝无仅有的不带有掠夺和功利目的的和平航海。

　　在欧洲，大航海时代从葡萄牙亨利王子1420年创办航海学校开始，在此期间，一些著名航海家取得了杰出的成就。葡萄牙航海家迪亚士1487年发现非洲最南端的好望角；达·伽马1497年率船队从里斯本出发，开辟了欧洲直达印度的航路；卡布拉尔1500年"发现"巴西并将其归入葡萄牙；出生于葡萄牙但为西班牙政府效力的航海家麦哲伦率领船队在1519—1520年发现麦哲伦海峡并完成了人类首次环球航行；出生于热那亚但为西班牙政府效力的航海家哥伦布四次横渡大西洋，1492年发现美洲新大陆；英国航海家德雷克因两次环球航行，于1578年发现德雷克海峡，并在1588年因打败西班牙无敌舰队而著名；欧洲大航海的收官之作是英国航海家库克从1766年开始的长达12年的三次环球探险航行，他作为首批登陆大洋洲的欧洲人，发现了新西兰。

　　17世纪后期，大航海已经发现了全球十分之九的陆地和海域，下一步就是对南极和北极的探索。挪威极地探险家阿蒙森因在探险史上获得了两个"第一"而著名：1906年9月，第一个航行于北冰洋西北航线；1911年10月，第一个到达南极点。至此，世界范围的航海事业已经到达了巅峰。

4
印度航路、香料与达·伽马

追寻航海家远行航程的旅行

1498年5月20日,葡萄牙航海家瓦斯科·达·伽马(Vasco da Gama,1469—1524)率领的舰队抵达现在印度喀拉拉邦卡利卡特(Calicut)附近的卡帕杜。印度当地官员问达·伽马一行:"是什么让你们到这里来的?"他们回答说:"是为了寻找基督徒和香料。"

这句话包含了欧洲大航海的两个重要目的,经济目的是香料,政治考虑是冲破"异教徒"对东方香料贸易的封锁。

今天的印度仍然是香料之国,几乎每座大的城市都有专门的香料市场,顾客远远地就会被香味吸引。走到近处观看,被研成粉末的香料在不同的盘子里五彩缤纷,完整的干燥香料果实则大小不一、塞满麻袋。除了前面提到的几种香料外,还有八角、柠檬叶、姜、芫荽、大小茴香、番红花、辣椒、印度楝、阿月浑子以及一些你叫不出名字的香料。当然,如今印度香料价格低廉,我请朋友问香料老板知不知道他手里用麻袋装的胡椒曾经贵比黄金,老板觉得不可思议。

我曾在十多年内5次到达印度,其中有一次将重点放在海岸旅行上,想寻找达·伽马的踪迹,也想寻找郑和的踪迹,当然还想了解印度的香料贸易在历史上产生的巨大影响。

得天独厚的印度次大陆地理条件,使印度拥有众多海港,其中许多在历史上起过重要作用。我从印度西海岸的孟买港往南走,一直走到靠近斯里兰卡的印度南端,再到东海岸的金奈。孟买、科钦、金奈都曾经是香料贸易的重要港口,现在还是正在使用的港口,也仍然从事着规模宏大的香料贸易。

我们现在很难理解大航海时代以前欧洲人对香料的痴迷,但在那时的确如此。15世纪,奥斯曼土耳其灭亡拜占庭帝国后,垄断了整个东方贸易,欧洲人向往东方的香料,所以目的地首先是印度,其次是欧洲人完全不了解的神秘中国。

如今芳香艳丽的香料市场

欧洲人认为印度是被香料围绕的国家

一面是欧洲人当年对香料的痴迷，另一面是获得香料的艰难。除了奥斯曼帝国控制东方香料贸易外，欧洲还有一层垄断，这就是威尼斯共和国通过黎凡特和埃及港口经红海衔接印度的香料市场，并独占陆路路线。于是，依靠大航海崛起的葡萄牙王室设定了新的目标：寻找通往印度、开辟香料贸易的海上新航线。

4 印度航路、香料与达·伽马

达·伽马木刻像与我国澳门发行的达·伽马邮票

欧洲人心目中的印度

1488年，葡萄牙航海家迪亚士率领的船队绕过了著名的好望角，成功地开辟了大西洋和印度洋之间的东方航线，但他没能找到通往印度的航线，这一宏伟目标是由达·伽马完成的。

达·伽马出身于葡萄牙锡尼什一个声名显赫的贵族家庭，父亲、哥哥都是出色的航海探险家。达·伽马青少年时期即受过航海训练，并参加过葡萄牙与西班牙的战争。1497年7月，在葡萄牙宫廷中任职的达·伽马受葡萄牙国王派遣，率船从里斯本出发，寻找通向印度的海上航路。

达·伽马率领的舰队由四艘船组成。旗舰圣"加布里埃尔"长27米、宽8.5米，机架178吨，吃水2.3米，帆的面积达372平方米，由达·伽马亲自指挥。副舰"圣拉斐尔号"大小相似，由达·伽马的兄弟保罗·达·伽马（Paulo da Gama）指挥。稍小一点的舰船"贝里奥号"由尼古拉·科埃略（Nicolau Coelho）指挥。此外，还有一艘补给船。整个船队的170名船员均来自里斯本。

探险队于1497年7月8日从里斯本起航，循着迪亚士航线，经过佛得角群岛到达塞拉利昂海岸，然后越过赤道。在3个多月的时间里航行了10 000多千米的公海。船队沿西非海岸一路南下，绕过好望角，第一次进入了印度洋，随后在莫桑比克和蒙巴萨登陆，并与原住民发生冲突。在如今肯尼亚的马林迪，达·伽马受到友好接待，于1498年4月24日离开马林迪前往印度。1498年5月，达·伽马舰队抵达印度的卡利卡特港，直到1498年8月29日离开卡利卡特返回家乡。舰队1498年10月3日到达印度洋过境，但是由于冬季季风尚未到来，相比来程利用夏季季风仅用23天穿越印度洋，逆风航行用了132天。在这段艰险行程中，许多船员患上坏血病，约一半船员在航行中丧失生命。直到1499年1月2日，达·伽马才再次看到土地，舰队途经索马里沿海城市摩加迪沙（Mogadishu），终于在1499年1月7日抵达友好城市马林迪，从此告别厄运。船队于1499年3月初到达了莫塞尔湾（Mossel），并于3月20日越过好望角，在4月25日到达西非海岸。返程途中，保罗·达·伽马在途中去世，被安葬在亚速尔群岛。舰队的副舰"贝里奥号"于1499年7月10日到达里斯本，而心情忧郁的达·伽马本人直到1499年8月29日才回到里斯本。出发时的170人只生还54人，却带回了60倍于航海费用的贵重货物。民众给予达·伽马英雄般的欢迎，葡萄牙新国王曼努埃尔也给予他崇高的荣誉。他开辟的这条航线联系起欧亚非三大洲，穿过大西洋、印度洋和西太平洋，西方称之为"海角航路"。即使苏伊士运河开通后,往来欧亚的巨轮仍在循着达·伽马开辟的这条航线航行。

后来达·伽马又进行了第二次和第三次印度航行,但后两次航行都没有第一次航行重要。1502年,达·伽马受葡萄牙王室派遣,率领武装舰队出征印度卡利卡特,目的是报复当地统治者萨莫林并强制其缔结条约服从葡萄牙,他对印度施加了残酷行径,这使他在印度恶名在外。1524年,达·伽马第三次访问印度时在印度科钦去世,他的遗体最初被葬在科钦圣弗朗西斯教堂里,后来才迁回里斯本。

达·伽马航道的开辟使葡萄牙舰队可以沿着远洋航线航行,避免了航行于危机四伏的地中海和阿拉伯半岛。达·伽马此次往返航程成了世界历史上最长的远洋航程,被认为是世界历史上的一座里程碑。对于葡萄牙来说,这更是划时代的功勋,葡萄牙人从此在亚洲开始了长达数百年的殖民历史。

4 印度航路、香料与达·伽马

今天的印度海港

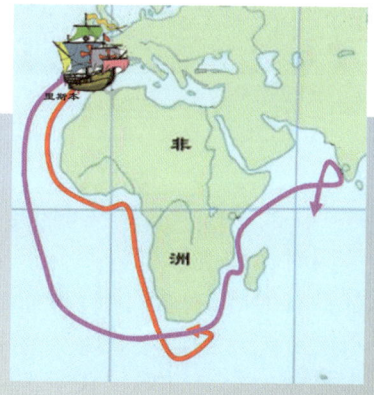

达·伽马印度航路示意图

马林迪的达·伽马登陆纪念柱

在大航海时代的先驱探险家中,达·伽马是最幸运的一个,其他同时代的航海家包括卡布拉尔、迪亚士、麦哲伦和哥伦布的命运都没有他好。他的探险为葡萄牙王国赢得了巨大的经济利益,他也得到了王室的回报。为了表彰他的贡献,1499年12月,葡萄牙国王曼努埃尔一世授予达·伽马世袭封地,他继承了一笔300 000雷亚尔的丰厚的世袭皇家养老金。1502年1月30日,达·伽马被授予东方海军上将头衔,并于1519年被尊为维迪格伊拉伯爵,1524年又被任命为印度总督。

在历史上著名的里斯本大航海纪念碑上的33个雕像人物中,达·伽马排在葡萄牙航海开创者亨利王子后的第三位。其实达·伽马与亨利王子并不是同时代的人,亨利王子去世的那一年(1460年),达·伽马才刚刚出生。

离里斯本大航海纪念碑不远处的热罗尼莫斯修道院,入口左侧就是达·伽

里斯本的达·伽马灵柩

埃武拉的达·伽马雕像

马的灵柩安置地。1497年，达·伽马在启程寻找印度航路前夜曾在原来的修道院祈祷，果然航行中得到了神明护佑。达·伽马从印度胜利返航后，国王曼努埃尔一世为纪念达·伽马的丰功伟绩，亲自策划扩建了热罗尼莫斯修道院。这项工程于1502年动工，历时50年方完成。以后，航海家们在出海前到这个修道院祈祷就成为葡萄牙远航的传统。

达·伽马航线上的各种纪念碑包括南非好望角的十字架、他第一次航行返乡途中在肯尼亚马林迪竖立的珊瑚石柱等，但人们对后者真伪多有争议。不仅里斯本，在葡萄牙不少城市都有关于达·伽马的纪念像或纪念碑，例如他的出生地锡尼什镇有他的青铜雕像。我到葡萄牙历史小镇埃武拉时，发现埃武拉公园里也有一座达·伽马的雕像，我还特意请当地人为我与达·伽马雕像合影。

 **旅途思考**

关于香料你知道多少

今天的欧洲，每个餐厅桌上都会放着让顾客随意享用的胡椒瓶。谁会想到，这不起眼的胡椒当时贵比黄金。

香料指有特殊芳香的植物，主要有胡椒、肉豆蔻、肉桂、丁香、生姜等。欧洲人痴迷于香料，偏偏欧洲不能出产，从东方来的香料被阿拉伯人控制，因此打通香料通道就成了大航海的主要驱动因素之一。

香料对欧洲人的重要，首先在于食品烹饪方面。无论是蔬菜、鱼类、肉类、酒和甜食，只要加上一点胡椒之类的香料立即化身为高档美味。然后是食物保存，以鱼类、肉类食物为主的欧洲需要香料在鱼、肉腌制和防腐中起重要作用；即便是酒类，也需要香料延长保存时间，并中和酒的酸涩，使普通酒变身为具有独特风味的贵族酒。香料的用途，当然还包括在宗教祭祀礼仪中产生表示圣洁的香烟，甚至处理遗体使之长存。

这些香料，西方完全没有。

印度是传说中的香料王国，但航海家的目的地"香料之岛"摩鹿加群岛其实属于印度尼西亚。

印度至今还是全世界著名的香料原产地，有很多具有特色的香料市场，有上百种你听都没听过的香料。其实不仅仅是印度，在中东也有很多有特色的香料市场，那些被研成粉末的香料色彩鲜艳，是摄影的好题材。许多人以为印度咖喱是一种香料，其实它由姜黄等多种香料混合而成，不同香料采用不同配比，就成为不同种类的咖喱。我在印度旅行期间，朋友邀请我吃了很多次他们认为最好吃的咖喱食品，有咖喱素食，也有鸡肉、鱼类等荤菜，但说实话，印度咖喱非常浓郁的气味我还是接受不了。我们在国内喜欢吃的咖喱牛肉、咖喱鸡，以及新加坡小印度的名菜咖喱鱼头，其实都是经过改良以后的，更容易被中国人接受。

　　常见的三种辛辣香料中，花椒是中国自古就有的本土作物。《诗经》记载，古代王宫里宫女住的地方以花椒涂抹墙壁，称作"椒房"。胡椒原产于印度，相传是唐僧西域取经带回来的，最早载于唐代《酉阳杂俎》。胡椒传入中国后仍属奢侈品，贵族才能享用。直到明代郑和下西洋时，仍对柯枝国（今印度西南部）盛产胡椒大加渲染。辣椒原产于墨西哥，是明代后期才经过东南亚传入中国的，最早的传入地点可能是浙江、福建等沿海地区，因为从海路传入，所以四川地区至今仍称辣椒为"海椒"。

5

巴西、葡萄牙和卡布拉尔

追寻航海家远行航程的旅行

我在巴西旅游的时候，英语导游整天用的都是感叹词。

亚马孙河终年水量充沛，洪水期河口年平均流量达 12 万立方米，每年泄入大西洋的水量有 3 800 立方千米，占世界上所有河流水量的 1/9。导游说："It is incredible（真令人难以置信）！"在伊瓜苏，导游用 "It is wonderful（精彩极了）"来形容瀑布，同一形容词还用来形容盛大的桑巴舞集会表演。面对巴西里约热内卢最著名的景点之一，在登顶欣赏张开双臂的耶稣像并俯瞰整个里约的壮美景色时，他用了 "It is amazing（真了不起）"。在参观巴西足球场、介绍巴西足球时，他用了 "It is exciting（令人兴奋）"。当然，在警告我们科帕卡巴纳海滩治安恶劣、十分危险时，他用了 "It is terrible（真可怕）"。在前往

巴西的基督像

机场途中遇到贫民窟闹事阻拦交通时，他又用了"It is incredible（难以置信）"。

的确，面对巴西的一切，没有人不发出感叹。这真是一片神奇的土地：自然资源应有尽有，美丽的热带岛屿，漫长的海岸线，宏伟的瀑布，清澈的河流，肥沃的土地……永远阳光普照、天空蔚蓝。这块土地从来没有发生过严重的自然灾害，这个国家从来没有被侵略

巴西狂欢节

过，也从未发生过内战。生活在热带，巴西人从不知道什么是寒冷，由于物产丰富，巴西人天生不担心挨饿，所以他们不懂"饥寒交迫"的意思。巴西人热情奔放、无忧无虑，他们说他们一生只需要四样东西：阳光、海滩、桑巴和足球。巴西人自己也常说，上帝就是我们巴西人。

伊瓜苏瀑布

亚马孙流域的印第安人

　　巴西是南美洲面积最大的国家，占地面积为854.4万平方千米，在世界上国土面积排名第五。巴西总人口数为2.086亿，排名也是全球第五。大家都知道金砖国家的英文BRICS是由5个国家英文首字母排列组成的，即巴西（Brazil）、俄罗斯（Russia）、印度（India）、中国（China）和南非（South Africa）（2023年8月24日，金砖国家领导人第十五次会晤召开特别记者会，宣布阿根廷、埃及、埃塞俄比亚、伊朗、沙特阿拉伯、阿联酋获邀加入金砖国家合作机制）。

　　问题来了，国土面积和人口都位于世界第五的巴西，对比国土面积仅仅92 152平方千米、人口数仅仅1 043万的葡萄牙，为什么是巴西人讲葡萄牙语，而不是葡萄牙人讲巴西语？为什么历史上巴西是葡萄牙的殖民地，而不是巴西人征服葡萄牙？

　　在这里，我要介绍一位伟大的航海家——佩德罗·阿尔瓦雷斯·卡布拉尔，他是第一个踏上巴西土地的欧洲人。

　　1467年或1468年，卡布拉尔出生于葡萄牙中部的一座小城市。卡布拉尔的祖上是忠于葡萄牙国王唐·若昂一世的葡萄牙贵族之一，所以他们家是世袭贵族。卡布拉尔12岁即被送往国王阿方索五世的

5 巴西、葡萄牙和卡布拉尔

巴西的卡布拉尔雕像和钱币上的卡布拉尔

宫廷接受了人文教育，17岁被授予贵族头衔。他学习武装和战斗，30岁时被任命为基督骑士。卡布拉尔身高1.90米，他体格健壮、学识渊博、礼貌待人、谨慎大方、宽容谦逊。

1488年12月，葡萄牙航海家迪亚士经过16个月的长途航行返回了里斯本。迪亚士的航行发现了好望角，为此他受到葡萄牙王室的嘉奖。1498年，葡萄牙探险家达·伽马首次完成了从欧洲绕道好望角抵达印度半岛的航线。一年后，达·伽马返回里斯本，随船满载了胡椒、桂皮、丁香、豆蔻等香料，其价值相当于远航费用的60倍。

受迪亚士、达·伽马航行成就鼓舞，葡萄牙国王曼努埃尔一世决定扩大对印度和东方的征服成果。1500年3月9日，他组织了一只由13艘舰船、1 500人（包括700个士兵）组成的空前庞大的船队，卡布拉尔被任命为印度远征队的司令，发现好望角的迪亚士担任其中一条船的船长。这次远航的目的不是探险，而是征服印度，打破奥斯曼帝国的封锁，建立并垄断欧洲的香料贸易。

被任命为远征司令的卡布拉尔此前完全没有远洋探险的经验，也从未指挥过船队。历史学家认为葡萄牙国王曼努埃尔一世任命他主要是因为"卡布拉尔家族的地位，他们对王室的毫无疑问的忠诚，卡布拉尔的个人面貌以及他在法庭和议会中表现出的能力"。除了信任外，可能还有王室出于平衡贵族家庭敌对派系利益的考虑。

卡布拉尔在远航中的表现证明葡萄牙王室没有选错人。卡布拉尔指挥的舰队于1500年3月9日中午从里斯本出发，他听从了达·伽马的建议，远离非洲西南海岸，绕一个弧形向西南方向前进。3月14日上午，舰队经过加那利群岛的大加那利岛继续航行，3月22日到达西非海岸的佛得角岛。舰队于4月9日越过赤道，4月22日在南美大陆东部隆起的地方登陆。起初卡布拉尔认为这是一个大岛，后来发现这是一块从未有欧洲人来过的大陆，他的登陆点在今天的巴西东海岸加布拉利亚湾。卡布拉尔将这里命名为"真十字架岛"（Island of the True Cross），在当年的5月1日竖起了刻有葡萄牙王室徽章的木制十字架，并举行了宗教仪式。他探索了海岸，意识到这里的大片土地可能是一个大陆，宣布根据1494年的《托德西拉斯条约》，新土地位于教皇划定的葡萄牙势力境内，因此属于葡萄牙王室，并立即派出一艘船通知国王曼努埃尔一世。后来，他为葡萄牙索取的土地被以当地特产红木Brasil的名称命名为巴西。

其实这块土地上早就有原住民，他们也属于印第安人。卡布拉尔让曾跟随达·伽马到印度航行的船长尼科劳·科埃略（Nicolau Coelho）上岸与他们沟通，交涉很成功。随后卡布拉尔一行人踏上土地，与原住民交换了礼物，为船队补充了水、食物和其他物资。后来卡布拉尔的船队又沿海岸航行了65千米，于4月24日停泊在他命名的安全港（Porto Seguro）中，同样与原住民友好相处。4月26日，随着越来越多好奇和友善的原住民的出现，卡布拉尔命令他的士兵们在一个内陆设立祭坛，并举行了这块土地上的首次基督教弥撒。

船队休整后，卡布拉尔重新调配了舰队，继续向东航行去往印度。在经过好望角时，他们遭遇了风暴，船队中有四艘船在风暴中失事，其中就包括由迪亚士担任船长的那艘。

风暴后剩下的船只最终在莫桑比克海峡会合，然后前往印度。1500年9月13日，卡布拉尔的船队离开安贾迪普（Anjadip），抵达现在的印度西海岸卡利卡特。卡利卡特，又称科泽科德，在中国古籍中被称为古里，现在是印度南部喀拉拉邦第三大城市。中国明代郑和、葡萄牙达·伽马两位东西方航海家都曾在这里登陆。

卡利卡特城是一座古老的商贸城市，其中的居民不仅有印度人，也有很多世代居住的穆斯林。当然，很多阿拉伯商人也常驻这座城市，

他们更害怕葡萄牙人。卡布拉尔船队在卡利卡特与当地的统治者进行了谈判,获得建立船只修理工厂和仓库的许可。然而,12月中旬,数以百计的阿拉伯人和印度人突袭工厂,50多名葡萄牙船员被杀。1502年10月,达·伽马的庞大舰队开始复仇,卡布拉尔扣押了10艘阿拉伯商船、没收货物,并命令他的舰队对卡利卡特城进行全天的轰炸,杀死600多人。这次事件被称为卡利卡特屠杀事件。

离开卡利卡特后,探险队航行到了印度的另一座城市科钦。这次,卡布拉尔通过与当地统治者结交朋友的方式成功开展了贸易,满载香料返回葡萄牙。香料产生了可观的利润,支撑了葡萄牙王室的财政,为葡萄牙帝国的兴旺作出巨大贡献。1501年1月16日,卡布拉尔船队启程返回葡萄牙。

但卡布拉尔返航后不久就失去了葡萄牙国王曼努埃尔一世的宠爱而被迫放弃航海事业。卡布拉尔于1509年回到葡萄牙小镇圣塔伦(Santarem),他在那里度过了人生剩余的时光,从此默默无闻,被葡萄牙遗忘长达300多年。卡布拉尔死于1520年,被埋葬在圣塔格拉姆修道院(Convento da Graça)。

卡布拉尔的声誉重新受到重视归因于巴西。在19世纪巴西摆脱葡萄牙殖民、独立数十年之后,巴西皇帝佩德罗二世非常重视巴西历史与地理研究。1871年,巴西皇帝在欧洲旅行中参观了卡布拉尔的墓地,并提出挖掘其遗体进行科学研究。在1896年的第二次挖掘中,巴西与葡萄牙协商,卡布拉尔遗体仍留在葡萄牙,但将内含土和骨头碎片的骨灰盒带回巴西,放置在里约热内卢的大教堂里,并为卡布拉尔竖立了雕像,卡布拉尔从此成为巴西的民族英雄。2000年,在纪念葡萄牙人抵达巴西海岸500周年之际,巴西中央银行发行了一张面额为10雷亚尔塑料纪念钞。

历史学家评价卡布拉尔的探索很重要,"不仅因为它在地理发现上的地位,还因为它对那个时期的历史和经济产生了影响"。"很少有像卡布拉尔那样出色的巴西和印度之行",这为"立即建立一个从非洲到葡萄牙的海上航行帝国铺平了道路"。

其实,所谓"发现巴西"是从欧洲殖民者的角度讲的。实际上,8 000年前,这块土地上即有人类繁衍生息,现在统称为印第安人。但有文字记载的历史,的确是卡布拉尔1500年发现巴西后才开始的。巴西被葡萄牙发现后,成为葡萄牙的殖民地,殖民者开始砍伐红木,大建甘蔗种植园发展蔗糖业,随着印第安原住民因繁重劳动和疾病死亡,葡萄牙人开始将非洲黑种人贩卖到巴西为奴。巴西的蔗糖经济持续了150多年,随后进入淘金与矿业经济(1700—1775)和咖啡经济(1830—1930)崛起时期。19世纪,世界废奴运动兴起,巴西奴隶制也逐渐瓦解。为弥补劳动力的不足,巴西通过一系列移民优待措施,吸引成千上万的欧洲移民来到巴西就业,巴西成为原住民、非洲黑种人、欧洲移民的人口熔炉。

巴西这块土地上的印第安原住民分为许多族群,从未统一为一个国家。这块土地有许多不同的语言,在葡萄牙的统治下,巴西语言逐渐被葡萄牙语统一。

巴西作为葡萄牙殖民地历时300多年,荷兰曾短暂占领巴西,1807年拿破仑入侵葡萄牙,葡萄牙王室逃到巴西,将巴西变成实际上的葡萄牙帝国中心。1821年,葡萄牙王室迁回里斯本,仍将王子佩德罗留在巴西任摄政王。佩德罗在1822年9月7日自立为王,脱离了葡萄牙的统治,建立以佩德罗一世为皇帝的巴西帝国,直到1889年巴西爆发军事政变,巴西帝国被推翻,巴西由君主立宪政体转为共和国。

旅途思考一

教皇为什么要把地球"切"成两半

非洲佛得角群岛赫赫有名,因为它曾是两个海上霸主的地域分界标志。

大航海时代最先崛起的国家是葡萄牙和西班牙。这一以获取巨大

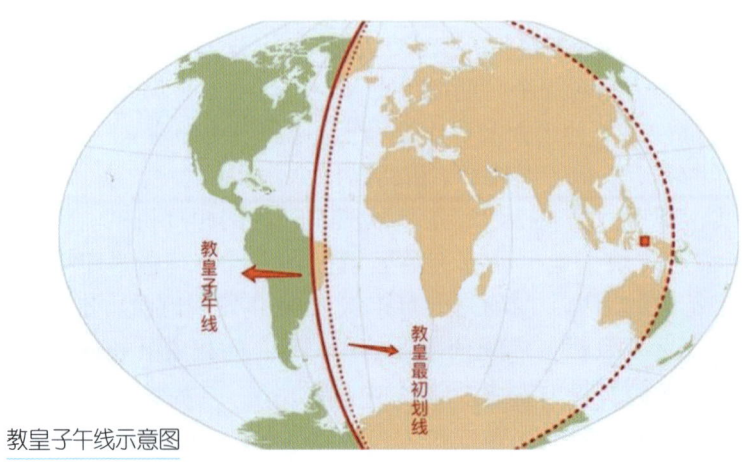

教皇子午线示意图

佛得角是葡萄牙最早的殖民地之一

国家利益为目的的大规模航海探险活动从开始就面临着激烈的竞争。

哥伦布第一次向西航行便发现新大陆的奇迹轰动了欧洲。葡萄牙国王若昂二世立即召开国务会议，决定组织船队去新大陆。

为了避免发生战争，1493年5月4日，罗马教皇通过训谕裁决，把地球当作一个苹果分成两半，以经过亚速尔群岛和佛得角群岛的子午线以西100里格（1里格=4.83千米）处为界，以西的土地岛屿归卡斯蒂利亚，即西班牙；以东属于葡萄牙。分界线史称"教皇子午线"。

但葡萄牙不满意这种划分方式。1494年，葡萄牙再次协商，原来的界线更改为佛得角群岛以西370里格处，这就是《托德西拉斯条约》(Tratado de Tordesilhas)。获此授权，葡萄牙人成功地将巴西变成葡萄牙殖民地。

由于麦哲伦的环球航行，1529年两国又重新签订了《萨拉戈萨条约》(Treaty of Saragossa) 用以明确这一分割方式在太平洋上的位置。它明确保护了属于西班牙的哥伦布在1493年向大西洋西部航行新发现的领土，也保证了葡萄牙向非洲南部海洋探索的利益，有效避免了西、葡战争，双方在以后的100年时间里认真地执行着这个条约。这也是今天世界上葡萄牙语、西班牙语覆盖不同区域的原因。

这一系列条约在理论上把以后崛起的英国、法国和荷兰等大航海国家都排除在划分新大陆以外，显然这些国家是不满意的。

追寻航海家远行航程的旅行

旅途思考二

西班牙语和葡萄牙语为什么能覆盖非洲、美洲的大片地区

按照第一语言使用者数量排名,世界第一大语言当然是汉语,排名第二的呢?是西班牙语,世界上约有 4.37 亿人将其作为母语使用。再往下排,排名第六的是葡萄牙语,世界上约有 2.3 亿人将葡萄牙语作为母语使用。

为什么本土人口不及中国一个省(西班牙人口数为 4 677 万,葡萄牙人口数为 1 043 万),如今在世界上也不算强国的两个"小国"居然能让他们的语言"占领"世界的广大区域呢?

除了本土外,西班牙语主要在拉丁美洲使用。21 世纪以西班牙语作为官方语言的国家有:阿根廷、玻利维亚、智利、哥伦比亚、哥斯

巴西开拓者群雕

葡萄牙人将天主教带到巴西

达黎加、古巴、多米尼加共和国、厄瓜多尔、萨尔瓦多、赤道几内亚、危地马拉、洪都拉斯、墨西哥、尼加拉瓜、巴拿马、巴拉圭、秘鲁、西班牙、乌拉圭和委内瑞拉。西班牙语也在美国、伯利兹、直布罗陀、菲律宾、波多黎各、特立尼达和多巴哥以及西撒哈拉使用。

同样,使用葡萄牙语的国家和地区也很广泛。除了葡萄牙本土外,主要有巴西、安哥拉、西班牙、莫桑比克和东帝汶等。葡萄牙语的使用者绝大部分居住在巴西,巴西的庞大人口数提升了葡萄牙语使用人数的世界排名。

总而言之,葡萄牙语和西班牙语的流行和当年的殖民活动相关,也与大航海时代教皇将地球划分成两半分给葡萄牙和西班牙有关。葡萄牙和西班牙殖民者征服所谓新发现的领土时,强迫当地的印第安原住民皈依天主教,放弃母语改用葡萄牙语或西班牙语。

让不识字的原住民学会一种新的语言大约也不是一件容易的事。在欧洲、非洲许多国家旅行的时候,我们常常看到罗马人修的斗兽场、圆形竞技场和罗马浴室。我想古罗马人打仗的时候,军队中大概有一支建筑工匠组成的部队,一旦罗马人战胜了,他们就在当地大兴土木修建罗马式建筑。那么,葡萄牙人和西班牙人的军队里大概有一支教语言的教师队伍,他们在殖民者占领新的土地后就立即开始教学,把当地人的语言变成葡萄牙语或西班牙语,使得葡萄牙语和西班牙语覆盖非洲、南美洲的大片地区。

6

航海家麦哲伦的人生轨迹

我曾经花费很多精力试图寻踪斐迪南·麦哲伦（全名费尔南多·德·麦哲伦，西班牙语为 Fernando de Magallanes，英语为 Ferdinand Magellan，1480—1521）的人生轨迹，当我写到他的时候，不知道是否可以说他是世界著名航海家中最倒霉的那一个。

麦哲伦身上最灿烂的光环是：发现麦哲伦海峡（Strait of Magellan）的航海家、第一个通过环球航行证明地球是球体的探险家。

而麦哲伦的人生轨迹概括起来是：出生于葡萄牙，屡建战功，33岁在摩洛哥战役中受伤成了瘸腿；长期得不到重视，饱受轻视和屈辱，35岁时拜见葡萄牙国王曼努埃尔一世，请求每月增加一个银币（相当于英国1先令）的抚恤金，却被拒绝；因为航海计划得不到葡萄牙王室的支持，不得不离开葡萄牙去寻求西班牙的支持，从而招致叛国的骂名；在率领5艘远航船远征时遭到船员叛乱、沉船，历尽艰险，环球航海胜利在望时却卷入菲律宾当地部落的争斗而丢失性命，没有能亲自为环球航行画上句号；跌宕起伏的人生结束后，家族后代没有得到王室给予的任何利益继承。

我寻踪麦哲伦所到的地方有：葡萄牙，麦哲伦的祖国，里斯本大航海纪念碑；西班牙，麦哲伦效力的国家，麦哲伦环球航行开始和结束的地方塞维利亚（Sevilla）；南美洲，麦哲伦发现并以他名字命名的麦哲伦海峡，因他得名的巴塔哥尼亚平原、火地岛；最后是菲律宾宿务岛，麦哲伦去世的地方。

先从葡萄牙开始。

在葡萄牙境内，很难找到麦哲伦的纪念碑，远远不如达·伽马和迪亚士的。但1960年葡萄牙为纪念航海家亨利王子逝世500周年而建立的里斯本大航海纪念碑上，麦哲伦终于入选为葡萄牙大航海事业作出杰出贡献的人物，排在亨利王子后第六位的显著位置。里斯本大航海纪念碑建立的时候，距麦哲伦去世已经过去459年。对于当年葡萄牙的"叛徒"，能在记录葡萄牙历史最重要的纪念碑上占有重要位置，本身已经是一个重大的改变。

再到西班牙塞维利亚。

塞维利亚是西班牙安达卢西亚历史悠久的名城，位于西班牙西南部，沿着瓜达尔基维尔河向南120千米可到达加的斯港。1519年8月10日，麦哲伦就是从这里率领船队出发南下大西洋，开始人类第一次环绕地球航行创举的。

塞维利亚大教堂高耸的尖塔仍然是醒目的地标，当年乘坐维多利亚号九死一生幸存的18名船员返回时第一眼看到的就是这座尖塔，

他们喜极而泣,跪下感谢上帝。大教堂不远处的西印度群岛档案馆(Archivo de Indias in Seville)保存着麦哲伦航海的书信、地图,以及随船作家安东尼奥·皮加费塔的记录手稿等重要文物。

在巴塔哥尼亚(Patagon)寻访麦哲伦海峡。

在南美洲的最南端有一块广阔的平原地区,其面积达67.3万平方千米,这就是巴塔哥尼亚地区,这一地区大部分在阿根廷境内,小部分属于智利。麦哲伦海峡就在这块地区南部,再往南即是火地岛(Tierra del Fuego),隶属于阿根廷和智利。

巴塔哥尼亚得名于麦哲伦。1519年,麦哲伦船队环球航行到达这里,看到当地原住民在海滩上留下的巨大的脚印,便把这里命名为巴塔哥尼亚,意为"大脚",这引起人们的误解,以为这里出产巨人。真实情况是麦哲伦看到的巨大脚印是原住民穿着笨重的兽皮鞋子留下的。不过,特维尔切印第安原住民的个子可能确实比欧洲人高大不少,否则麦哲伦船队也不至于想要绑架其中两人带给西班牙国王看看。不过,现在已经很难找到原住民的后裔了。

火地岛

火地岛也是因麦哲伦得名的。1520年10月,麦哲伦船队航行到此时,远远看到原住民在岛上燃着堆堆篝火,就把这里叫作"火地岛"。火地岛位于南美洲的最南端,名字叫"岛",面积却大到约为4.87万平方千米,火地岛东部属阿根廷,西部属智利。火地岛首府乌斯怀亚属于阿根廷,虽然是个常住人口只有3万的小城市,但它是通往南极的门户,所以备受关注。

麦哲伦企鹅,因麦哲伦船队在1520年航行时被发现而得名,这种摇摇摆摆的企鹅的喙为黑色，黑背白腹，黑色的头部有一条白色带状条纹从眼后绕过耳部一直延伸至下颌，白色腹部上方与脖子下面还有两条黑色带状条纹通往后背。麦哲伦企鹅体型不大，属于温带企鹅，现在大家更常在澳大利亚南部墨尔本附近见到它们，在企鹅家族中属于不起眼的一类。

我曾从阿根廷和智利两个不同的国家进入巴塔哥尼亚地区。这里被称为独特的地理单元，是因为这里森林、湖泊、冰原和冰川交错，拥有科罗拉多河、内格罗河等众多河流，这片广袤的土地辽阔神秘，有属于阿根廷和智利的许多个国家公园和自然保护区，分布着有不同种类的植物和犰狳、兔鼠、羊驼、狐狸、雪貂、美洲豹、海狮、海象、企鹅等动物。巴塔哥尼亚地区的南北冰原总面积达 1.7 万平方千米，是南半球除了南极冰盖外的最大冰原，也是世界上除了南北极地区和北美洲跨越美国阿拉斯加和加拿大育空的冰原群外最大的冰原。

我在南极旅行时曾在火地岛停留，去了火地岛国家公园，公园里有一个号称"天尽头"的火车站。进门沿着阿根廷与智利共有的拉戈罗卡湖步行约 8 千米，一路上高大的古树挺拔参天，灌木繁茂原始，湖泊清澈，而人迹罕至，我竟然一个人在森林中步行了一个多小时才遇到其他游客。

在阿根廷，我去了位于圣克鲁斯省西南部冰川国家公园内的佩里托·莫雷诺大冰川（Perito Moreno）。冰川源自北巴塔哥尼亚冰原，高

麦哲伦海峡

6 航海家麦哲伦的人生轨迹

麦哲伦海峡的纪念碑

55

达74米，绵延30千米，每隔几分钟就能看到一次冰层断裂，大型冰块坠入湖中，发出巨大的声响。世界上最长的山脉安第斯山脉贯穿巴塔哥尼亚高原南北，最著名的山峰菲茨·罗伊峰云雾缭绕，它是以达尔文五年环球航行的"贝格尔号"小军舰船长、英国探险家菲茨·罗伊名字而命名的，山体陡峭如塔，是户外攀登者的圣地。

在智利的国家公园，我看了瀑布和悠闲散步的鹿群。突然呼啸盘旋的山风将我的摄影包掀开，使我无法站立，幸亏司机搭救才不致遇险，这使我对这块"风土高原"有了深刻理解。

麦哲伦海峡的入口就在智利城市蓬塔阿雷纳斯（Punta Arenas）。在城市东面的武器广场，高高的石头基座上耸立着麦哲伦的全身青铜雕像，他双腿前后分开，右脚踏在炮管上，右手握着长剑，左手拿着刚刚摘下的帽子，目光坚毅而平和。整个纪念碑上还以青铜浮雕形式展示麦哲伦的船队，基座上还有原住民的形象。

麦哲伦海峡东连大西洋、西通太平洋，长592千米，最窄处仅有3.3千米，最宽处却有32千米左右。海峡内有3处狭窄地段，由东到西分别为第一狭水道、中心位置的第二狭水道和第三狭水道，其中第一和第二狭水道在强制引航段内。麦哲伦海峡两侧是高耸的峭壁，部分航段为内水航线，因此可以避开南太平洋的大风浪。麦哲伦海峡航道蜿蜒狭窄，被称为世界上最曲折的海峡，加上海峡所处地域气候恶劣，船只很难航行。所以巴拿马运河开凿成功以后，麦哲伦海峡已经很少有船只通行，我去探访时，港口一片寂寞荒凉景象。

我继续探访航海重要地点佛得角。

佛得角在北大西洋非洲大陆最西端，是欧洲与南美洲、南部非洲间的交通要冲。大航海时代，佛得角是西班牙和葡萄牙势力范围的分界线。麦哲伦远航与佛得角关系密切，由于他是葡萄牙王室要堵截的叛徒，麦哲伦的船队必须避开佛得角。

麦哲伦去世后的1521年7月9日，麦哲伦船队的继任指挥者埃里·卡诺代指挥"维多利亚号"返回西班牙的途中，因为船只损坏和食物缺乏，不得不冒险停靠佛得角群岛。他们把一包丁香带上岸去换取食物，谎称"维多利亚号"只是一般的商船，避免暴露真实身份。但他们最终还是被葡萄牙人识破，13名船员被扣留。埃里·卡诺赶忙指挥"维多利亚号"逃离佛得角。在佛得角群岛被捕扣留的船员在很久以后才经由西班牙国王卡洛斯一世斡旋得到释放。

佛得角首都在普拉亚，机场离城市市区很近。大航海时代葡萄牙人关押贩卖非洲奴隶的监狱现在已作为历史遗迹供人参观。普拉亚是个悠闲的城市，老人在下棋，孩子在玩游戏，夕阳如金，街心花园静谧。

我继续探访麦哲伦环球航行见到的马来群岛（Malay Archipelago）、马来人、马六甲和菲律宾宿务岛。

马来群岛与麦哲伦关系密切。马来群岛过去也叫南洋群岛，是世界上最大的群岛。群岛上的国家有印度尼西亚、菲律宾、文莱、马来西亚、东帝汶和巴布亚新几内亚等。马来群岛这一带气候温和、雨量充沛，植物丰富且种类繁多，古时即以盛产丁香、豆蔻、胡椒闻名于世。欧洲人梦寐以求的香料群岛，即马鲁古群岛，也称为摩鹿加群岛，现在就属于印度尼西亚。

马六甲海峡自古以来就是航海的核心通道。麦哲伦参加殖民战争时，曾经到过马六甲，他从那里带回了一个奴隶——恩里克。后来，恩里克一直跟随着麦哲伦航海。在麦哲伦船队通过海峡到达太平洋，驶入现在的菲律宾群岛后，恩里克惊奇地发现岛上的居民和他一样是棕色皮肤，并且说着他能听懂的家乡语言，因为这一片岛屿的居民都是马来人——这证明麦哲伦环游地球成功了！但现在，居住在东南亚的马来西亚、印度尼西亚、泰国、新加坡、文莱和其他国家仍以马来人为族称的居民，已经是混有华人、印度人、泰人和阿拉伯人血统的新马来人了。

在菲律宾宿务岛上，教堂里竖立着一个巨大的木质十字架，介绍中说这是麦哲伦十字架，但这应是当年麦哲伦竖立的十字架的复制品。而在宿务岛的马克坦岛上有一个纪念公园，中间是一个石砌的

菲律宾麦哲伦留下十字架的教堂

杀死麦哲伦的酋长雕像和纪念碑文

方形麦哲伦纪念亭,距纪念亭北面 100 米左右的海边,矗立着一座红铜制作的雕像——一位身材彪悍、几乎全身裸露的酋长长发披肩,左手持盾,右手挥刀,处于战斗状态,这就是杀死麦哲伦的拉普拉普雕像。

纪念亭内立着一块石座铜碑,正面的碑文写道:

斐迪南·麦哲伦 1521 年 4 月 27 日死于此地,他是在与马克坦岛酋长拉普拉普的战士们交战中受伤身亡的。麦哲伦船队的维多利亚号在埃里·卡诺的指挥下,于 1521 年 5 月 1 日驶离宿务,并于 1522 年 9 月 6 日返回西班牙港口,人类第一次环球航行就这样完成了。

反面的碑文写道:

拉普拉普,1521 年 4 月 27 日,拉普拉普和他的战士们,在这里打退了西班牙入侵者,杀死了他们的首领斐迪南·麦哲伦。由此,拉普拉普成为击退欧洲人入侵的第一位菲律宾人。

我曾经问一位菲律宾朋友,他们怎么看待这两位当时处于敌对状态的历史人物。他回答:"麦哲伦航海促进了菲律宾进入现代社会,所以值得纪念。"但他是一个入侵者,所以当他要以武力征服当地人民的时候,他必然受到战士们的抵抗,拉普拉普作为抵御外族侵略的民

6 航海家麦哲伦的人生轨迹

麦哲伦画像

印度文献馆里的麦哲伦手稿

族英雄，受到崇拜也是很自然的现象。

让我们总结一下麦哲伦的生平。

麦哲伦，1480年10月17日出身于葡萄牙北部波尔图一个破落的贵族家庭。10岁进入王宫服役，16岁进入国家航海事务厅。25岁那年，麦哲伦参加了对非洲的殖民战争，此后又因参加战争到过印度和东南亚。

在这段时间里，发生了对麦哲伦一生都非常重要的事，涉及两个重要的人。麦哲伦参加葡萄牙战争时，在归国途中船只触礁损坏，只能让一部分船员先走。矛盾冲突中，麦哲伦主动留下，困在孤岛上很长时间后才等到援救船只。麦哲伦的行为被上级发现，他被晋升为船长，并在军队里服役，却不幸在摩洛哥战争中被长矛挑断了左腿的一根筋，成了瘸子。于是，他在军队中转而担任军需官，一直受到歧视。

与麦哲伦有重要关系的第一个人是麦哲伦的朋友谢兰，在一次激烈的战争中，谢兰身负重伤，麦哲伦冒着生命危险将他救出。后来，不想再经历残酷战争的谢兰选择退出，留在东南亚，娶当地女子成家定居。他向麦哲伦描绘"香料群岛"的美好，促使麦哲伦确定环球航行的方向就是要找到通往香料群岛的捷径。

另一个重要的人是马来人恩里克，麦哲伦在马六甲将他作为奴仆买下。恩里克忠诚地跟随主人，直到麦哲伦去世。在跟随麦哲伦航海发现菲律宾时，恩里克发现自己回到了故乡，从而证明麦哲伦已经环游了地球一周。

中世纪的欧洲，对香料的渴望直接催生了地理大发现。

在此之前，占统治地位的是由亚里士多德创立，经托勒密完善的"地心说"。这一学说认为宇宙是一个有限的球体，分为天地两层，地球位于宇宙中心，所以日月围绕地球运行，物体总是落向地面。托勒密在《地理学指南》中把有人居住的世界想象为一片连续不断的陆地，中间包围着一些海盆，并在地图上说明：印度洋的南面还存在一块未知的南方大陆，将中国所在的地区与非洲连在一起。因此，环球航行是不可能实现的。

麦哲伦相信"地圆说"，他猜测，如果地球是圆的，香料群岛旁边的大海以东就是美洲。于是，麦哲伦立志做一次环球航行，寻找一条通往香料群岛的捷径。

1514年，35岁的麦哲伦终于得到了被葡萄牙国王曼努埃尔一世接见的机会。麦哲伦试图以自己饱受战火历练、经历过海难、三次受重伤、四次绕过好望角的经历，说明自己精通航海术、具有丰富的经验，他提出，自己不想从此依靠抚恤金养老，希望国王能够在海军中给他安排一个有价值的职位，但遭到国王拒绝。麦哲伦转而要求每个月增加一些抚恤金，但同样遭到拒绝。面对曼努埃尔一世的轻蔑对待，麦哲伦最后问国王反不反对他在其他国家服役，在异国他也许会得到工作的机会。曼努埃尔一世冷漠地回答道，他没有异议。这样，麦哲伦下决心离开葡萄牙，从此再也没有回过葡萄牙。

1517年秋天，麦哲伦带着他的奴仆恩里克来到西班牙塞维利亚。在那里，他认识了原籍葡萄牙、现担任塞维利亚军械库长官的迪奥古·巴尔波查。巴尔波查去过印度，很欣赏麦哲伦，不仅把女儿嫁给了麦哲伦，还成为他在西班牙寻求支持的引荐人。

麦哲伦有一个重要的朋友，名叫鲁伊·法力罗，是占星学家，他通过计算预测了香料群岛的位置，成为麦哲伦环球航行计划的重要伙伴。通过巴尔波查的引荐，麦哲伦先获得了东印度公司代理人胡安·德·阿朗达的经济支持承诺，继而得到西班牙国王查理五世的支持。麦哲伦宣称，有一条通道可以从西面通过南美洲的一条海峡到达香料群岛，而不需要像葡萄牙那样从东面绕过非洲的好望角，可能发现的海岛和陆地属于教皇划定的西班牙领域，这条捷径可以给西班牙王室带来巨大的财富。更重要的是，这条海峡通道只有他和法力罗知道。

麦哲伦和西班牙查理五世国王签订了协议，按照协议，麦哲伦和法力罗能获得新发现大陆财富的1/20，如果能找到6个岛屿，他们能获得其中的2个。

在查理五世的支持下，麦哲伦组建了有5艘海船的船队，包括：旗舰"特立尼达号"，排水量210吨，由麦哲伦亲自指挥；吨位最大的船"圣安东尼奥号"，排水量220吨，由西班牙贵族胡安·德·卡塔赫纳指挥；第三大船"康塞普西翁号"，排水量90吨，由西班牙贵族加斯帕·凯塞达指挥；第四艘船"维多利亚号"，排水量85吨，由西班牙贵族路易斯·德·门多萨指挥；最小的"圣地亚哥号"，主要用于侦察和探测海水深度，排水量75吨，由入籍西班牙的葡萄牙人若奥·谢兰指挥。请注意，5艘船中，除了旗舰由麦哲伦指挥，"圣地亚哥号"船长是入籍西班牙的葡萄牙人，其余3艘船的船长都是西班牙国王派来"控制"此次行动的贵族，他们根本不把麦哲伦放在眼里。在招募的250名船员中，包括了西班牙人、葡萄牙人、荷兰人、英国人、意大利人和黑种人等。西班牙国王授予麦哲伦招募船员的自由，但规定最多只能招募5名葡萄牙人，表面上是查理国王不想得罪葡萄牙，实际上是西班牙王室害怕麦哲伦结成自己的派系。

不出所料，葡萄牙国王曼努埃尔一世想尽办法要破坏这次远航，并指示拦截麦哲伦的船队，并逮捕麦哲伦。这使麦哲伦船队从出发到返回都不得不绕许多冤枉路以避免闯入葡萄牙的管辖范围。

1519年9月20日，悬挂西班牙国旗的由256名船员组成的麦哲伦远航船队从西班牙塞维利亚港口起航。每条船都配备了火枪大炮和各种商品，备齐了一年半航行所需要的食物。出发前，麦哲伦写下了遗嘱。在遗嘱中，他希望遗体可以安葬在塞维利亚的圣玛利亚维多利亚修道院；他还详细地列出他远航所获报酬的分配方式，希望在自己下葬那天分给穷人衣服和食物，并且宣布他去世后，奴仆恩里克将获得自由。

麦哲伦的远航，从开始就充满了矛盾。

麦哲伦的船队在茫茫大西洋中航行了整整2个多月仍然不知道前进的方向，麦哲伦对航行计划的保密引起西班牙船长们的不满。"圣安东尼奥号"船长胡安·德·卡塔赫纳首先挑衅麦哲伦，在忍无可忍后，麦哲伦命令逮捕卡塔赫纳，改由自己的堂兄弟麦斯基塔来指挥"圣安东尼奥号"。

麦哲伦船队航行70天才到达巴西海岸，随后他们继续向南航行。1520年3月，船队来到阿根廷南部的圣胡利安港，此时冬季来临，天气寒冷，人心浮动。胡安·德·卡塔赫纳和安东尼奥·科卡发动哗变，他们控制了"圣安东尼奥号"，另外两名西班牙船长指挥的"康塞普西翁"和"维多利亚号"也拥护叛乱。在这关键时刻，麦哲伦显示出超人的智慧和勇气，他组织人乘小船突袭"维多利亚号"后控制了局面，以实力迫使叛乱者投降，他将两名叛乱头领放逐到荒岛上，让其自生自灭，然后带领船队度过5个月的严寒后继续探险历程。

在误将拉普拉塔河口和圣马提阿斯海湾当作海峡入口，探路很长时间又失望离开，之后，1520年10月21日，船队终于找到一条地图上没有标注的水很深的大通道。麦哲伦让两艘船先进入通道探索，发现前方始终是海水，证明这是一条海峡，这就是后来以他的名字命名的麦哲伦海峡。

但麦哲伦海峡并不像其他海峡那样宽度基本一致，而是由迷宫般的不规则的海湾和曲折的海岸组成的复杂峡湾，中途有好几处分叉，麦哲伦不得不让船只分开，从不同的岔道探索，以确定哪一条能真正通过。麦哲伦显示出超人的远见，他花了1个月时间探索海峡，研究各条水道。海峡发现了，但麦哲伦遇到了一个新问题——长期的航行导致食物不足，且船员已经十分疲惫。几个西班牙船长主张立即返回西班牙报告，重新装备好后再来。麦哲伦组织大家一起开了会，并书面表达了自己的意见。最终，麦哲伦决定继续航行，目标是穿过海峡去寻找香料群岛。

通过第一段和第二段海峡后，船队又来到一个分岔口。麦哲伦再次把船队分成两部分："圣安东尼奥号"和"康塞普西翁"朝东南方向走，"特立尼达号"和"维多利亚号"朝西南方向走，他们约定5天以后会合。

幸运之星终于照耀到麦哲伦的头上，他带领的旗舰和"维多利亚号"在11月28日驶出海峡，进入一片风平浪静的广袤汪洋，后来麦哲伦怀着祈愿的心情把这个大洋命名为"太平洋"。麦哲伦寻找分开行走的另外两艘船，结果只找到一艘——"圣安东尼奥号"已偷偷返回西班牙，向西班牙王室控告麦哲伦的独裁统治，声称船队即将被麦哲伦葬送，全靠他们努力才保住了"圣安东尼奥号"。

在今天的智利和阿根廷领土上，有一块被称为巴塔哥尼亚平原的地方。在那里，麦哲伦船队把两个毫无戒备之心表示友好的原住民骗到了船上，用铁索把他们锁住，要带回去作为礼物送给西班牙国王。

但离开巴塔哥尼亚平原后的100多天内，麦哲伦的船队始终看不到陆地，航行目标香料群岛仍然是一片迷茫。食物匮乏，船员们因为长期的航行而精疲力竭。太平洋带给他们的是残酷的平静。坏血病和饥饿、疲惫使船员不断死亡，首先死去的竟然是被绑架上船的巴塔哥尼亚原住民。

麦哲伦船队在九死一生的状况下，终于在1521年3月6日早晨发现了陆地，船队随即进入一个海湾，立刻看到当地居民划来的小船。在以后的几天里，他们获得了新鲜的水果和肉，大量的新鲜淡水，幸存的船员很快恢复健康。最令人高兴的是3月28日，船队到达现在的利马萨瓦群岛，麦哲伦的奴仆恩里克忽然发现当地居民和他一样也是棕色皮肤，说着和他一样的马来语。恩里克惊呆了，他是第一个绕了地球一圈又活着回到家乡的人。麦哲伦由此知道，他已经完成了环绕地球一周的壮举，他把自己"发现"的这一片群岛以西班牙国王查理五世儿子的名字命名为菲律宾群岛。

麦哲伦在利马萨瓦群岛度过了幸福的一周，得到酋长的热情接待，麦哲伦还成功地劝说酋长同意归顺西班牙并信奉基督教。利马萨瓦群岛酋长引荐麦哲伦到了群岛中最大的宿务岛，原住民对西班牙人十分畏惧，宿务岛国王查尔斯·胡马波纳与麦哲伦签订服从西班牙的永久和平条约，并成为基督教徒。麦哲伦在宿务岛上竖起了巨大的木质十字架，岛上举行了盛大的仪式，麦哲伦和胡马波纳坐在宝座上，岛民们向十字架顶礼膜拜，这是麦哲伦一生中最光辉的时刻。与此同时，在宿务岛上的物物交易也使西班牙人用铃铛、铁器、小镜子等廉价物品交换到大量他们想要的黄金等当地产品。

但麦哲伦没有止步，他认为，要使西班牙查理国王的领土进一步扩大，最好的办法是使群岛上的其他酋长都服从于已经归顺西班牙的胡马波纳。对于不服从胡马波纳的马克坦岛酋长拉普拉普，他决定给予教训。

但麦哲伦过分轻敌，以为只要放几枪就会把马克坦岛原住民吓跑，因此仅仅带领60名士兵便去征讨。由于岸边有珊瑚礁石，麦哲伦的船无法靠岸，麦哲伦和士兵只能徒步涉水，枪弹无法击中远处赤身裸体的1 500多名原住民。麦哲伦派人焚烧了原住民居住的茅屋以示威胁，这更激怒了这些原住民，他们用长矛、弓箭和石块攻击西班牙人。

发现麦哲伦是首领后，马克坦岛原住民的攻击目标都瞄准了他。

麦哲伦受过伤的腿使他在及膝深的水里行动困难，终被长矛、弯刀杀死，一同丧命的还有另外7名西班牙人。其他西班牙士兵溃逃，连麦哲伦的遗体也没有抢出来，一代航海家就这样突然地在1521年4月27日丧生于菲律宾群岛的宿务马克坦岛。不仅如此，马克坦岛的战斗粉碎了西班牙人"不可战胜"的神话，宿务岛国王胡马波纳设下"鸿门宴"邀请西班牙人，又突然袭击杀死了包括"圣地亚哥号"船长若奥·谢兰等在内的多名西班牙人。

麦哲伦死后，曾经在哗变中支持叛乱者的埃里·卡诺担任了指挥官，逃离宿务岛后船队只剩115人，三艘船中"康塞普西翁"破损严重，于是他们烧毁了木质船身，将人员重新配置到剩下的两艘船中。

由于船队失去了熟悉航海的船长麦哲伦、若奥·谢兰等人，剩下的两艘船走了不少弯路，仅仅在马来群岛之间海域的漫游就花了6个月时间。幸运的是，在棉兰老岛航行时他们遇到一艘大帆船，后者给他们指出了香料群岛的方向。这一年的11月6日，他们到达心中向往的香料群岛。

香料群岛物产丰富、风景迷人，且酋长非常友善，西班牙船员们在这里受到了热情款待。遗憾的是麦哲伦的好朋友，在香料群岛定居的弗朗西斯科·谢兰已经在不久前去世。

西班牙人通过购买和交换得到大量香料，还有珍贵的极乐鸟羽毛等产品。但满载而归之际，曾经的麦哲伦旗舰"特立尼达号"船体严重损毁下沉，于是船队决定一半人乘"维多利亚号"先行返回，剩下的人滞留在香料群岛等待。

埃里·卡诺率领"维多利亚号"一路上逃避葡萄牙曼努埃尔国王的围堵，在太平洋中航行了几个月才绕过好望角。在饥饿、疲惫和疾病困扰下，47名西班牙船员死了20人，船上的19名原住民死了15人。1521年9月4日，他们终于来到葡萄牙境内的文森特角，船员们受到热烈的欢迎，吃到了新鲜的面包，他们派人给国王报了信。1521年9月8日，在经过了3年差12天的航行后，"维多利亚号"载着剩余的18人回到了出发地塞维利亚，船员们上岸的第一件事就是到圣玛利亚维多利亚修道院忏悔并感谢上帝的恩赐——这本来是麦哲伦的承诺。

曾经反叛过麦哲伦的埃里·卡诺最终完成了麦哲伦没有完成的环绕地球的最后一段航程。虽然船队只剩下一艘船，载回的520公担（52吨）香料却足以抵消4艘船的损失，由此可见当时香料的价值。

埃里·卡诺成了"英雄"，得到西班牙国王的赏金，并被提升为骑士，他成为不朽的航海功绩的象征。幸亏还有麦哲伦的随船作家安东

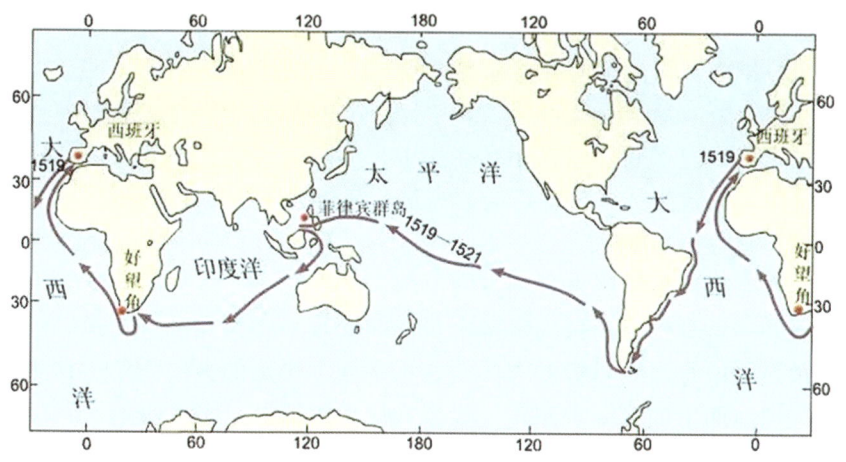

麦哲伦航海线路示意图

6 航海家麦哲伦的人生轨迹

尼奥·皮加费塔把沿途的所有经过都记了下来，才使麦哲伦的功绩没有被遗忘。

在麦哲伦航海的3年中，他的妻子和唯一的儿子都已去世，因此麦哲伦没有后代和亲人得到任何国王的赏赐，遑论继承到任何麦哲伦应当得到的职位。

 **旅途思考**

古代航海靠什么指引航向

航海靠什么指引航向？你一定说这个问题太简单了，当然是指南针。但事实上，不要说远古没有指南针，就是发明了指南针以后，指南针在船上的应用也不那么容易。

你一定见过作为中国四大发明代表的司南。据近代考古学家猜测还原，司南是用天然磁铁矿石雕琢成勺形，放在一个刻着方位的光滑的盘上，利用磁铁指南的特性来辨别方向。司南的文献记载最早见于战国时期，目前发现的唯一一件实物在四川成都，但很难转动指出方向。考古学家认为司南是现在所用指南针的始祖，但还不是指南针。

古代航海家使用的指南针是一种水罗盘，由浮在水里的指南磁针与有刻度的方向盘组成。在静止状态下，磁针会指向地磁方向。如果附近有磁铁矿，地磁的作用就相对很小了。根据磁铁矿周围磁力线的分布，指南针指向任何方向都有可能。

古代尚未发明罗盘的时候，海上航行是靠看日月星辰来定方向的。到了宋代，已经将罗盘运用在航海上，但航海时仍然要以日月星辰共同定位。宋代朱彧《萍洲可谈》写道："舟师识地理，夜则观星，昼则观日，阴晦观指南针。"

靠观测日月星辰来辨别方向，即天文导航。它是利用观测天体的仪器——六分仪，通过测定两个目标间的水平夹角和垂直夹角。水平夹角是测站点至两目标的方向线在水平面上投影的夹二面角。在测量中，把地面上的实际观测角度投影在测角仪器的水平度盘上，然后按度盘读数求出水平角值。它是推算边长、方位角和点位坐标的主要观测量。水平角是在水平面上在 0 ～ 360 度的范围内按顺时针方向量取。同时测定天体的方位角和天体的高度。测得天体的高度后，再查找天文历，就可得到天体此刻的地理位置，从而再测得船舶的位置和前进方向。《郑和航海图》又称为"牵星图"。"过洋牵星"之名出于《武备志》末尾的 4 幅过洋牵星图。后人据此用"过洋牵星术"特指郑和下西洋时所采用的一种天文导航定位技术。均载于《武备志》末尾。过洋牵星术支撑了郑和船队在海上丝绸之路印度洋段的离岸远航，对研究中国古代的航海技术以及海上丝绸之路的发展均具有重要意义。

7
从马德里到加的斯
——了解西班牙航海史

追寻航海家远行航程的旅行

西欧国家中,旅游资源最丰富的是西班牙,没有之一。西班牙幅员辽阔,其魅力是无论如何也无法在一次旅行中领略完的。

我最近一次的旅行以探索西班牙航海历史为主要目的。毕竟,在15世纪开始的地理大发现中,西班牙紧跟葡萄牙作出了改变历史的壮举,而代表西班牙航海成就的哥伦布更是首屈一指的世界航海家,尽管哥伦布本人并不是西班牙人。

我首先到达西班牙首都马德里。

著名的西班牙广场有唐·吉诃德和他的仆从桑乔的雕像,其实我最早也是中学时代从西班牙著名作家塞万提斯的《唐·吉诃德》知道西班牙的。

马德里是著名的博物馆之城,建于18世纪的普拉多美术馆(Museo Del Prado)是世界著名的美术馆,亦是收藏西班牙绘画及雕塑作品最全面、最权威的美术馆。藏品中,西班牙画家戈雅的作品尤其丰富,《裸体的玛哈》《着衣的玛哈》《农神食子》《1808年5月2日的起义》和《1808年5月3日夜枪杀起义者》都是美术馆的镇馆之宝。其他珍贵的藏品还有毕加索著名的《格尔尼卡》、拉斐尔的《红衣主教》、鲁本斯的《三美神》、委拉斯凯兹带神秘意味的油画《宫娥》等。

马德里广场的唐·吉诃德雕像

美术馆门票为 19 欧元，闭馆前 2 小时（18：00—20：00）免费，对于许多游客不失为一件好事。但对西班牙及意大利画作雕塑兴趣浓厚的参观者，至少要花上一天时间参观。

我此行更重要的目的是参观马德里海军博物馆（Museo Naval），海军博物馆门票为 3 欧元，于 1932 年搬迁建成。虽然叫作海军博物馆，但博物馆实际讲述的是西班牙从地理大发现到现代海军的发展史，也涉及西班牙扩展殖民地的情况。当然，航海相关的文物，诸如航海日志、地图、商船与战舰的结构剖面图及模型、武器等都是值得一看的展品。

博物馆入口处最著名的"圣玛利亚号"（Santa Maria）舰船模型仍然金碧辉煌。展厅背景装饰有许多重现历史的油画，包括海战，当然更多地展现的是西班牙当年航海事业的辉煌。我一进门就询问管理人员关于西班牙无敌舰队（Spanish Armada）的展览在哪里，回答是博物馆有 24 个展厅，其中第 9 和第 21 大厅中有西班牙战船。

建造一艘远洋帆船的成本是巨大的，因此西班牙历来造船时，都必须先制作一艘精确的船只模型，以便评估相关技术，最终获得建造许可。博物馆里保留了很多这样的模型，也许依据它们造出的远洋帆

马德里斗牛场

69

船早已葬身海底。我在博物馆购买了油画《哥伦布与土著居民》复制品和古代航海图复制品。

从海军博物馆出来,就是西贝雷斯广场,这里因有大地女神驾驭两头狮子拉车雕塑的喷水池而成为标志性景点。在中国人的概念中,"广场"应该都和天安门广场一样宽广,其实欧洲的广场都极小,多数都没有一个足球场大。有马德里标志熊和草莓树的太阳门广场也是这样,不远处的科隆广场也是这样。哥伦布是意大利人,但他的成就主要在西班牙取得的。在西班牙,他的名字被译为克里斯托瓦尔·科隆(Cristóbal Colón),所以纪念他的许多地名就叫科隆广场、科隆群岛等。这里有一座高高的纪念塔,上面立着哥伦布雕像,广场旁边有一个纪念哥伦布的庭园,巨大的石头上刻着地理大发现的重要历程。

我的一位西班牙朋友知道我对西班牙航海历史感兴趣,他对我说,你应当去看一场斗牛,航海和斗牛都是西班牙文化不可缺少的一部分,它们体现了西班牙人独特的民族性和价值观,以及直面任何人都无法逃脱的死亡的冒险精神。

于是,我在马德里著名的班塔斯斗牛场看了一场斗牛。班塔斯斗牛场是一座古罗马剧场式的圆形建筑,已经有几十年的历史。斗牛场可容纳32 000名观众,外墙鲜艳的红色据说是在呼应斗牛士的红色披风。

每年的3月19日到10月12日是马德里的斗牛季节,每周六、日都有斗牛表演。我看的这一场斗牛,全场共斗杀了6头牛——西班牙斗牛之惊心动魄至今令人难忘。

西班牙斗牛场面

斗牛士及其助手都有专门的名字,斗牛士叫马塔多尔,他的助手叫班德利里奥罗,在场上插科打诨的小丑人物叫皮卡德尔。

每头牛经历的场面包括如下几种。

（1）公牛出场：出场的是一头 4～5 岁、天性暴烈的北非公牛。

（2）皮卡德尔幕：小丑皮卡德尔在马背上，以玫瑰红色斗篷逗引公牛。其实公牛都是色盲，所以无所谓拿什么颜色的布去逗引，靠的是斗篷的摇动。若干惹人发笑的回合之后，小丑皮卡德尔用长矛在公牛脖颈上刺上伤口不深的几枪。

（3）班德利里奥罗幕：斗牛士助手班德利里奥罗在地上用斗篷不断激怒公牛，让公牛在一次次进攻中消耗体力。班德利里奥罗以灵活的动作确保自己安然无恙，最终在每头公牛冲过来的瞬间，在牛身上插上约 70 厘米的带钩花枪。

（4）马塔多尔幕：挥舞大红斗篷的主斗牛士马塔多尔出场，他持剑单膝下跪，向观众请求给予公牛死亡。

（5）真实的瞬间：号角齐鸣，在 15 分钟内斗牛士与公牛搏斗，斗牛士在公牛的进攻中突然用剑刺中公牛的要害，公牛挣扎后倒下。最后用四匹马将死去的公牛拖走。

整个场面激烈残酷，百闻不如一见，一见不能再闻。以公牛的体格和凶猛的性格，本应是无敌的，但何以总是失败？我以为原因在于：首先，在开始的几幕，公牛来回奔走，目标不一，消耗了大量体力；其次，公牛只会去攻击挥舞的斗篷，而没能有效地攻击到斗牛士。

我从马德里来到西班牙的重要城市巴塞罗那，继续探访西班牙的航海历史。

巴塞罗那港口　巴塞罗那海事博物馆的巨大铁锚

巴塞罗那是海港城市，港口不远是著名的海事博物馆，门口有巨大的铁锚。博物馆为红砖建筑，有陈旧感。平时门票为 4.5 欧元，但我去的这天正好是星期日，参观免费。

海事博物馆原址是西班牙造船厂，15—18世纪的几百年间，造船厂一直是西班牙航海舰船的"摇篮"。据讲解员介绍，曾经每年有超过30艘大型远航帆船和战舰从这里下水。19世纪后，伴随着西班牙航海事业高潮的退去，这一传统造船厂辉煌不再，直到2012年被改建为巴塞罗那海事博物馆。

进到馆内，博物馆陈列厅中央陈列的镇馆之宝就是无敌舰队战舰的等比例复制品，精雕细刻的镏金船头饰件、鲜红色的船身、船身两侧伸出的巨桨，都吸引着来访者的镜头。甲板、船舱以及特意打开供人观看的船的龙骨，展示着战舰的坚实无比。这艘旗舰曾在1571年参加由教皇统率的对奥斯曼土耳其帝国的战争，并取得辉煌胜利，无敌舰队由此得名。

博物馆内还展示有1740年左右在古巴的哈瓦那造船厂建造的炮舰的模型，船身上的80门大炮格外显眼。讲解员告诉我们，这个仿真模型曾在1808年被掠往海外，1985年才回到西班牙。博物馆还收藏有古时的工作船和拖网渔船，其中大部分来自加泰罗尼亚海岸，它们为研究古时西班牙的造船技术、所用的材料等提供了素材。

博物馆收藏的武器、钱币、纪念章、邮票、雕塑、工具和各种艺术品，以另一种方式叙述着西班牙的航海历史，展示了当年西班牙作为海洋帝国的赫赫武功。

无敌舰队曾经是世界上最强大的舰队，由100多艘战舰、3 000余门大炮以及数以万计士兵组成，横行于地中海和大西洋。

博物馆其实不仅有无敌舰队的舰船，还有绵延至现代的战舰和各种帆船。馆内许多油画再现战争历史，处处陈列着船上的各种设施，如巨大的舵盘、圆桶、木箱、缆绳、锚链，船长桌上的鹅毛笔、水手房中的吊床、货舱中塞得严严实实的货物，都给人一种身在海上的感觉。

海事博物馆外面，也就是兰布拉斯大道尽头的港口，高高矗

西班牙无敌舰队战舰复制品

巴塞罗那港口的哥伦布纪念雕像

一直在建设中的巴塞罗那圣家族大教堂

立着哥伦布纪念塔。站立的哥伦布面向大海，挥手向前。这一港口就是哥伦布当年远航的起点。1492年8月3日，哥伦布在旗舰"圣玛利亚号"亲自升起西班牙国王授予他的"海洋上将"旗，率领着3艘帆船离开了港口，雄心勃勃地驶向波涛汹涌的大西洋。当时他还不知道这次远航的结果——是为西班牙发现新的殖民地而辉煌归来，还是葬身茫茫大海？

如今，港口喧闹，充满现代气息，停泊的多是邮轮和帆船……历史已经过去。

巴塞罗那以高迪艺术闻名于世，安东尼奥·高迪（Antonio Gaudi, 1852—1926）诞生于离巴塞罗那不远的加泰罗尼亚小城雷乌斯。他创造了世界独一无二的塑性建筑流派，融合了摩尔风格、现代主义、自然主义等诸多元素，高迪的立体风格给人神奇怪诞的感觉，见过一次永远不会忘记。在巴塞罗那还可以看到米拉公寓、巴特罗公寓、奎尔公园，当然最著名的是圣家族大教堂。

想要集中欣赏高迪的作品，最经济的方法是网上购买一日游票。

奎尔公园必须在预订的时间进入。可以从地铁站乘两段上坡电梯登山，到达公园后门，这里的位置较高，然后慢慢往下面走，边走边看。五颜六色的马赛克装饰、螺旋形楼梯、彩色瓷砖、波浪造型、多柱围栏、巨型柱子的大厅以及巨大彩色马赛克蜥蜴，加上尖塔和大门，公园处处独特怪异，色彩鲜明。

高迪建筑的巅峰之作是圣家族大教堂，这是一座占地面积大、造型复杂、风格特异的天主教教堂。

世界各地的天主教教堂中，最多见的是哥特式风格，拥有高高的尖顶，尖顶多为一个，也有两个的，顶端常常有巨大的十字架；教堂外表规整光滑，显示着宏伟与庄严。但巴塞罗那的圣家族大教堂会给你完全不一样的印象，它的外形完全不规则，成簇的18座尖塔顶端呈圆珠状，镂空尖塔有蜂窝一样的圆孔，尖塔以及整个教堂外表都如泥塑一般粗糙，多有螺旋、锥形、双曲线造型，没有直线和平面，这就是典型的高迪建筑风格——"直线属于人类，曲线归于上帝"。

圣家族大教堂中央的170米高塔代表基督教，中央最上方是耶稣钉在十字架上的雕塑。旁边4座130米高的大塔楼代表马可、马太、路加和约翰4位福音传道者，四周围绕的12座100米高塔代表十二门徒，后面还有一座尚未建成的140米高塔，代表圣母玛利亚。

按照高迪的设计，圣家族大教堂以三组造型展现"耶稣诞生""耶

高迪建筑奎尔公园

稣受难""上帝荣耀"三个主题。东面是高迪生前着力完成的第一主题,也是目前能够体现高迪设计魅力的部分。这是一个完整叙述《圣经》中《马太福音》和《路加福音》描述耶稣诞生故事的栩栩如生的雕塑,包括天使向玛利亚报喜、东方三博士追寻伯利恒之星为基督降生祝贺、最早崇拜基督的牧羊人等,并有大自然中山脉、动物、花草元素,还有蛇、蜥蜴的形象出现。

西面是"耶稣受难",展现从最后的晚餐、耶稣被钉十架到耶稣复活升天的故事。比较第一主题,这一立面雕塑线条简单,仿佛斧削,透出悲凉之感。

第三主题"上帝荣耀"尚未完成。

走进大教堂内部,宛如进入森林,但高迪十分善于采光,所以极高的穹顶十分明亮,马赛克玻璃窗从上到下依次为蓝色、绿色、橙红色,在阳光下美丽、浪漫又不失肃穆。参观这一风格迥异的天主教大教堂绝对是人生的一次难忘经历和艺术享受。

高迪以这一异乎寻常的风格建造教堂曾经引起宗教争议,直到2010年11月,教皇本笃十六世将这一教堂封为宗座圣殿,圣家族大教堂才获得认可。尽管教堂还未竣工，但 2005 年已被联合国教科文组织列为世界文化遗产。

1926 年，73 岁的高迪意外被车撞倒去世，此时圣家族大教堂仅仅完成 1/4。以后的建设时断时续、进展缓慢，原因是资金匮乏（仅靠捐赠和门票收入维系），且建设中受到了西班牙内战干扰，所以圣家族大教堂被戏称为世界上最大的烂尾楼。无独有偶，2018 年 10 月，巴塞罗那市政府宣布教堂尚未取得建设许可证，并对其开出了 3 600 万欧元的罚款，并要求 10 年内付清——看来它还是全世界最大的违章建筑。

按照近期的计划，圣家族大教堂将在高迪逝世 100 周年即 2026 年完工。但关于这一教堂的争议仍未停止，有人质疑高迪去世后的建设是否能忠实体现高迪的设计意图。2020 年 9 月，大教堂建设因疫情停工，人们对大教堂能否在原计划的 2026 年完工表示怀疑，让我们拭目以待。

西班牙航海桂冠应当属于哥伦布。哥伦布首次航行从巴塞罗那出发，我决定继续探访他后三次远航的出发点，即第二次、第四次航行的出发点加的斯（Cadiz），第三次航行的出发点塞维利亚。

我乘火车到加的斯的时候已是黄昏，还下着大雨。我步行离开车站，到旅游中心得到地图等资料，又步行到预订的旅馆。旅馆居然在一个大教堂的附属庭院内，于是我在晚祷中睡去，在晨钟中醒来。

次日，我在雨中游览加的斯。

加的斯位于西班牙西南沿海加的斯湾的东南侧，是西班牙南部主要海港之一，也是西班牙最古老的城市。它在狭长的半岛顶端，三面为海洋环绕，仅一方与陆地相连。因为哥伦布的两次远征是从加的斯出发的，加的斯成为西班牙无敌舰队的母港，所以也成为西班牙海上对手的主要攻击目标。

我们先乘出租车到海边要塞，返回时看了大教堂。然后又看了加的斯博物馆（那里有加的斯的历史资料），最后看了非常壮观的加的斯中心纪念碑。可惜出于天气和时间原因，我没能拍到满意的海港照片。

依靠发达的西班牙铁路，我从加的斯到塞维利亚仅仅用了一个半小时。

塞维利亚大教堂、阿尔卡萨城堡（Alcazar）和西印度群岛档案馆（Archivo de Indias in Seville）这三座建筑组成了塞维利亚历史中心区，1987 年共同被列入世界遗产名录。

加的斯海港城堡

　　我从火车站乘公共汽车到达大教堂时时间尚早，还无法进入，于是我就先到西印度群岛档案馆参观了一圈。1492年，哥伦布发现美洲大陆后，这里曾设有"印度群岛交易之家"，垄断着西班牙的海外贸易。1781年，该公共文献馆建成，收藏发现、征服新大陆的文献，据称文献数量超过8 000万页。二层展室里有哥伦布、麦哲伦等航海探险家的手稿、地图等，时间跨度从1492年到19世纪末，还展出大量关于古印度风貌的写实或想象绘画。

　　阿尔卡萨城堡实际上是皇家园林，类似格拉纳达的阿尔汉布拉宫，造型融合了阿拉伯和哥特式建筑风格，外部造型独特，像童话中白雪公主的城堡，而内部富丽堂皇，院落由许多花园组成。卡洛斯五世时这里是皇室别墅，也是外交的重要场所，现在这里收藏有许多珍贵的名画和豪华的家具。

　　塞维利亚大教堂是西班牙最大的教堂，也是世界第三大教堂（世界五大教堂分别为梵蒂冈圣彼得大教堂、意大利米兰大教堂、西班牙塞维利亚大教堂、意大利佛罗伦萨大教堂和英国圣保罗大教堂）。这是一个庞大、精雕细刻的建筑群，最重要的是，1898年哥伦布的灵柩由古巴运回西班牙后安放于此。

　　教堂旁是高耸的希拉尔达塔。希拉尔达塔高98米，塔内没有楼

作者在印度文献馆浩瀚的文献前

7 从马德里到加的斯——了解西班牙航海史

梯,而是环形坡道,因为以前贵族是骑马到塔顶的,所以地上留有马蹄印。今天,游人们则需要艰苦地步行登上70米高的瞭望台,才能俯瞰塞维利亚全景。

现在,让我们来详细了解一下历史上伟大的航海家哥伦布的生平。

人们对克里斯托弗·哥伦布(Cristoforo Colombo)的出生日期和出生地点有过争议,但一般都认为,他出生于意大利热那亚。至于哥伦布的出生年月有多种说法,儒勒·凡尔纳的《地理发现史》认为是1436年,而网络上有人认为他的生卒日期是1452年9月22日—1506年5月20日。

哥伦布是热那亚一个不很富裕的纺织工人家庭里的长子,他14岁就开始服务于航海事业,所以有关他曾经在大学学习拉丁文、地理、天文学、航海学的记载,即使有,恐怕时间也很短暂。但哥伦布能阅读意大利文、葡萄牙文、西班牙文和拉丁文,并且具有制造地球仪和绘制地图的才能。

1476年,哥伦布移居葡萄牙里斯

哥伦布画像

本，并与一位葡萄牙贵族的女儿结婚。哥伦布十分崇拜曾在他的家乡热那亚坐过监狱的马可·波罗，他对《马可·波罗游记》书中记载的印度和中国富饶美丽、黄金遍地的说法深信不疑。他相信大地球形说，认为从欧洲向西航行可以到达东方的印度和中国。哥伦布在里斯本制造地球仪和绘制地图期间，刻苦研究了历史地图和旅行记载，立下了向西方打开通往印度航路的决心。

哥伦布的热情没有得到葡萄牙国王的认真对待。若昂二世组织的一次横渡大西洋到印度和中国的短暂试航，并未让哥伦布参加。1484年，在妻子去世后，愤愤不平的哥伦布带着儿子永久地离开了葡萄牙，前往西班牙。

但哥伦布在西班牙仍然处处碰壁，四处奔波却毫无结果，他横渡大西洋到达东方印度和中

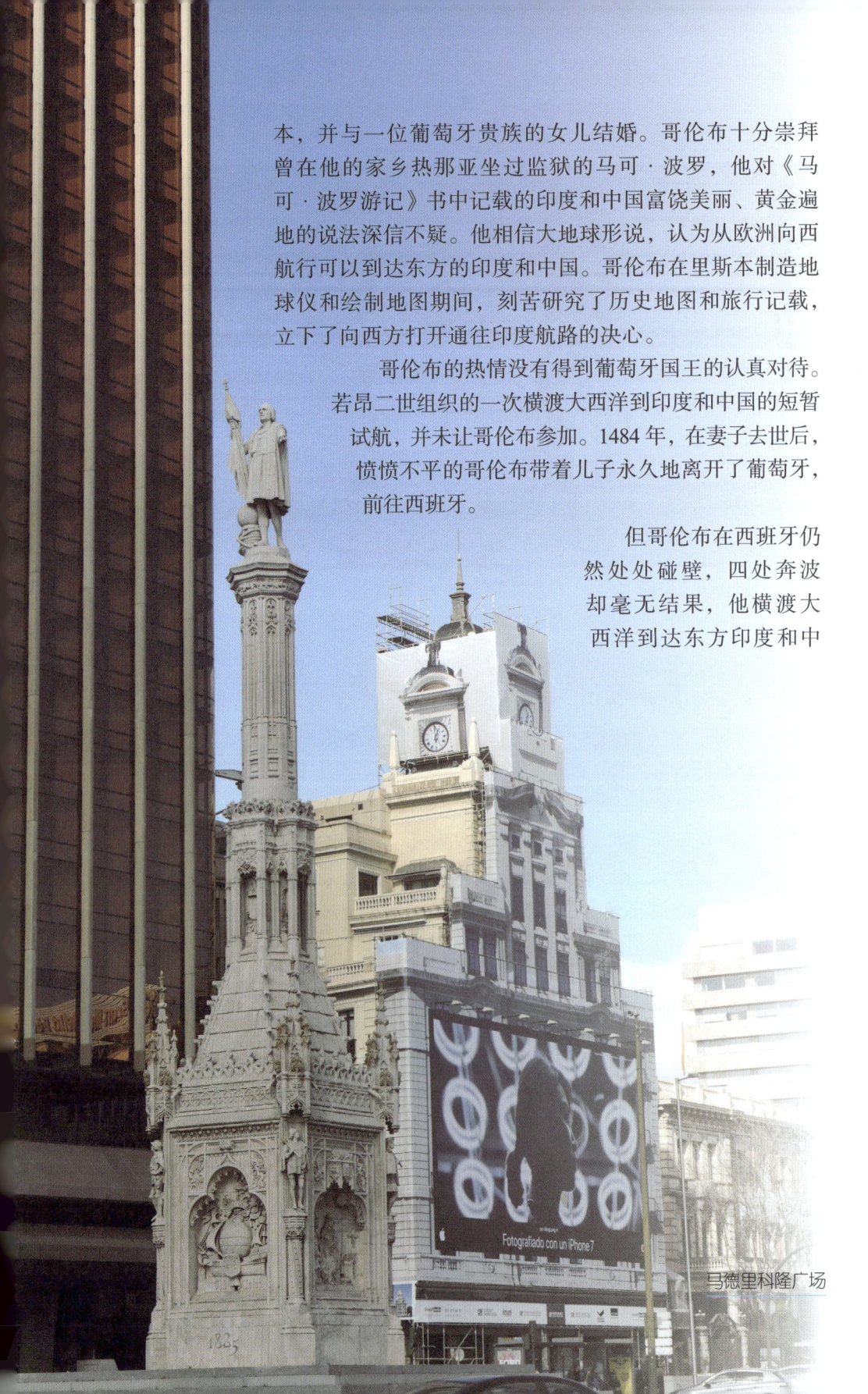

马德里科隆广场

国的主张甚至被斥为异端邪说。在这期间,他曾经派自己的弟弟巴尔托洛梅到英国和法国请求英王亨利七世和法王亨利八世的支持,仍然无果而终。

  1491年,就在哥伦布准备动身到法国的时候,终于迎来了转机,在拉比达修道院院长和地方审议官的推荐下,西班牙国王斐迪南和王后伊莎贝拉终于认识到哥伦布的计划是一个不寻常的计划。经过长时期的讨论,1492年,西班牙王国与哥伦布正式签订条约。条约规定:西班牙王室授予哥伦布上将军衔,支持哥伦布远航,任命他为远征军司令;远航中获得的珍珠、宝石、金银和香料等财富的90%归西班牙国王和王后,其余10%归哥伦布本人;哥伦布发现和所取得的大陆岛屿归入西班牙版图,哥伦布将被任命为首席长官,并且可以永久世袭这些特权。

  从哥伦布产生远航开辟东方新航路的伟大思想到得到西班牙王室的支持,过去了整整17年。

  哥伦布一生进行了四次远航。

  探险与辉煌:哥伦布的第一次远航,1492年8月3日—1493年3月15日。

哥伦布觐见王室的图画

1492年8月3日，在巴塞罗那巴罗斯港出发的旗舰"圣玛利亚号"上，哥伦布亲自升起西班牙国王授予他的"海洋上将"旗，带着西班牙国王给印度君主和中国皇帝的国书，率领着3艘帆船，雄心勃勃地驶向波涛翻滚的大西洋。西班牙王室为哥伦布装备了2艘远航船，哥伦布又从当地富有的船主平松兄弟那里得到了第三艘船。

哥伦布担任旗舰"圣玛利亚号"的船长，旗舰装载量约为100吨。哥伦布对这艘船并不满意，用他的话说这是一艘与探险事业不相称的破烂船。第二艘稍小一点的是"宾塔号"，由船主平松兄弟中的老大马丁·阿隆素·平松担任船长。最小的一艘"尼尼亚号"，装载量只有40吨，由维森特·平松担任船长。整个船队共有90名船员。

哥伦布第一次航行的主要困难除了探险充满未知、大西洋波涛汹涌之外，更主要的是船员素质低下，担任两艘船船长的平松兄弟也与他离心离德。仅仅在航行1个月后的1492年9月，许多船员就闹着要返回，甚至有人破坏船上的设施。哥伦布不得不减少实际航程的记录，以免船员因航程过长而感到恐慌和害怕。哥伦布在航海日记中写道："9月10日，昼夜行程达60里格，远征军司令仅记作48里格。""9月22日，远征军司令说，此逆风来的很是时候，因为一想到这些海域没有送他们返回西班牙的风向，我的部下们就会变得狂躁不安。"哥伦布处境艰难，幸亏10月11日水手在海里捞到一根刚折断的新鲜树枝和一根人为加工过的木棍，后来又发现一枝开着新鲜花朵的蔷薇——说明陆地已近在眼前，船员们的精神才振奋起来。

但哥伦布又是幸运的，仅仅航行70多天后，1492年10月12日凌晨，他们终于发现了陆地。这就是现在加勒比海中的巴哈马群岛，哥伦布当时将它命名为圣萨尔瓦多（意为救世主）。

哥伦布一直以为他们到达的是"印度"，甚至很长一段时间内美洲都被称为"西印度"，而那里的人一直被叫作印第安人。实际上西班牙语India、英语Indian、意大利语Indiano的直译都是"印度人"，只是后来为了不混淆南北美洲的原住民和住在东方印度的人，中文才把它译成"印第安人"以示区别。

美洲印第安人对哥伦布非常友好，哥伦布的船队以一些廉价的玻璃珠、小铃铛、黄铜戒指等换取了原住民的一些黄金制品。哥伦布打听出产黄金的地方时，原住民告诉他，有一个叫"西巴奥"的地方盛产黄金，哥伦布认为他们说的是《马可·波罗游记》中说的"西潘古"，即日本。

从 10 月 12 日发现美洲陆地以后，哥伦布船队先后到达巴哈马群岛、古巴、海地等地，发现了以后被引入欧洲乃至全世界的烟草、棉花等植物。但他始终没有发现生产黄金的"西潘古"，也没有找到他准备向之递交西班牙国王国书的中国皇帝。1492 年 11 月 12 日，哥伦布决定东归，并继续寻找黄金。如果哥伦布这次航行继续下去的话，他必然可以到达北美洲的墨西哥海岸，或者是现在美国的佛罗里达，那么他会看到具有高度文明的阿兹特克人，还可能看到玛雅古城，而不仅仅是他在前面航程中看到的一些半裸体、半开化的印第安原住民。

哥伦布发现了今天的海地岛，将它命名为伊斯帕尼奥拉岛（Hispaniola，意为小西班牙），当时岛上的印第安原住民约有 100 万人，靠捕捉动物和鱼类以及种植木薯等作物为生，有 5 个部落政权。哥伦布与当地首领卡西克建立了密切的关系。12 月 25 日，"圣玛利亚号"触到暗礁出现漏洞，卡西克让印第安人帮忙抢救货物，但"圣玛利亚号"最终沉没。哥伦布转移到"宾塔号"担任指挥，鉴于"宾塔号"和"尼尼亚号"无法容纳所有水手，哥伦布在伊斯帕尼奥拉岛建立了一个小小的纳维达德城堡，留下了一部分同伴。

虽然印第安人对哥伦布船队保持友好，但是哥伦布船队还是抓走了几个印第安人，并且在返回的途中与印第安原住民发生了冲突，血洗了手无寸铁的印第安人。

哥伦布返回的途中还经历了风暴，在亚速尔群岛以及靠近里斯本的地方被葡萄牙人查扣，但最终获得释放。

1493 年 3 月 15 日，哥伦布率"宾塔号"和"尼尼亚号"回到西班牙，受到了英雄一样的欢迎。在巴塞罗那王宫，哥伦布汇报了自己的经历和发现，把 6 个印第安人、黄金以及欧洲人从未见过的海洋生物标本、鲜艳的鸟类羽毛奉献给国王和王后。斐迪南国王和伊莎贝拉王后隆重地款待了哥伦布，并授予哥伦布贵族称号和一枚黄色勋章。勋章上有一个古城堡的图形、一头张牙舞爪的狮子，还有带有特征的岛屿图和 5 枚铁锚标志。而哥伦布对国王表达的最大愿望是允许他再次组织远航。

曲折彷徨：哥伦布的第二次远航，1493 年 9 月 25 日—1496 年 6 月 12 日。

1493 年 9 月 25 日，哥伦布率领 3 艘大舰船和 14 艘轻快帆船从西班牙加的斯港出发，船队除了远航所需要的水手外，还有几百名其他人员，包括王公贵族和骑士、技师、工匠、士兵等，这是为了在哥伦

描绘原住民迎接哥伦布的油画

布宣称发现的印度建立永久性殖民统治。另外,随行的还有一些牧师和神父,为了去教化印第安人成为基督徒。整个团队成员超过1 500人,哥伦布甚至带上许多经过训练的恶犬。

这一次哥伦布船队到了圣克鲁斯岛,并首次与加勒比印第安人发生冲突。当他们到达伊斯帕尼奥拉岛时,发现上次建立的纳维达德城堡已经被摧毁,留守的水手已经全部消失。部族首领卡西克告诉哥伦布,由于留守的西班牙人发生内部冲突,又去抢夺原住民的女人,所以都被杀死了。

哥伦布没有打消在当地建立殖民地的想法,他觉得原来建立堡垒的地方不太理想,12月7日,他在另外一个叫作蒙特克里斯蒂的地方,隆重地建立了一座伊莎贝拉城,把自己的弟弟迭戈留下来担任总督。哥伦布的船队这一次顺利地找到了几条含有金沙的河流,并且找到了重达10盎司(1盎司≈28.35克)的天然金块。

由于食物缺乏,以及许多人染上了疟疾,哥伦布安排其他14艘船先行返回西班牙,自己则率领3艘船继续进行探索"印度大陆"的航行。他的船队先后到达了多米尼加岛、背风群岛的安提瓜岛和维尔京群岛以及波多黎各岛等。在这次航行中,许多印第安人阻止哥伦布和西班牙人登陆,哥伦布向他们开炮,镇压印第安人的造反行为。哥伦

布和剩下的船队继续航行到了古巴和牙买加。1496年3月10日,哥伦布启程返回,经过3个月的航行,于1496年6月12日回到西班牙加的斯港。

然而哥伦布第二次远航返回后已经辉煌不再,西班牙王室对他表示失望,答应给他的赏金也没有到手。但哥伦布具有惊人的毅力,抱着事业必胜的信心,相信自己能重新远航并再次得到斐迪南国王和伊莎贝拉王后的信任。

有一个关于哥伦布的故事是这样说的:哥伦布在一次与对手进行争论时,问在场的人谁能把煮熟的鸡蛋竖立起来,在场的每个人都在尝试后表示不能做到。哥伦布轻轻地击碎鸡蛋的一端,然后把它竖立在桌子上。他说,你们当中谁也没有想到该这样做,而我却能这样做。

命途多舛:哥伦布的第三次远航,1498年5月30日—1500年10月。

由于西班牙与意大利之间的战争,西班牙王室无暇,也无财力考虑哥伦布的第三次远航计划。直到1497年春天,斐迪南国王才提供给哥伦布6艘大船,提供给他的人员包括40名骑兵、100名步兵、60名水手、20名矿工、50名农民、20名手工业者,还有一些医生,所有人员中有30名女性。这些显然都是出于向殖民地移民的需要。由于水手不够,哥伦布想出了一个主意,建议在刑事罪犯中征集去新大陆的人,可以将他们的刑期减半,这得到了西班牙国王的准许。

1498年5月30日,哥伦布的船队从西班牙塞维利亚出发,6月份到了佛得角群岛的圣地亚哥岛,在酷暑和缺乏淡水中艰苦地继续探索。7月31日,哥伦布一行来到南美洲,看到三个小山头,哥伦布将这里叫作特立尼达(意为三个山顶)。继续向前,他们到了委内瑞拉帕里亚湾,这是欧洲人首次发现南美洲。在这一次航行中,哥伦布船队成功地发现了丰富的黄金矿产,以及出产珍珠的浅海滩。但是当他们来到伊斯帕尼奥拉岛,却卷入殖民地统治权的纷争中。按照以前西班牙王室的承诺,哥伦布的弟弟迭戈是新建立的伊莎贝拉港的总督,另一个弟弟巴尔托洛梅是新建立的城市圣多明各的总督,哥伦布却受到国王派来的总裁判官、皇室贵族卡斯蒂利亚的刁难。原因是西班牙国内很多人诋毁哥伦布,说他企图在新大陆建立哥伦布独立王国。卡斯蒂利亚出示了斐迪南国王和王后的亲笔信,信上写道:"我们命令我们的军团将领卡斯蒂利亚向你表明我们的意志,我们授权他完成以我们的名义所做的全部事务。"于是,卡斯蒂利亚给哥伦布三兄弟戴上镣铐,押送回西班牙。

1500年10月，哥伦布三兄弟被押送回西班牙加的斯港的消息引起了民众的愤怒。1500年11月20日，哥伦布给斐迪南国王和伊莎贝拉王后写了一封信。看到信后，国王和王后命令立即打开哥伦布的镣铐，召他进宫，听取哥伦布的申诉后，斥责卡斯蒂利亚的无理，并表示恢复哥伦布的权力。

就这样，哥伦布在疾病尚未康复、心灵创伤尚未平复时，又以坚强的意志开始计划他的第四次航行了。

英雄暮年：哥伦布的第四次航行，1502年5月9日—1504年11月7日。

已经60多岁的哥伦布急着要进行第四次航行。虽然当时葡萄牙人达·伽马已经绕过了好望角，但哥伦布深信他可以通过西大洋的航路到达印度——这是一条安全而距离较短的航路。哥伦布装备了4艘船只，分别是"船长号""圣地亚哥·德·帕洛斯号""加里加号"和"威斯卡伊纳号"。这些船只吨位都很小，仅仅为50~70吨，只适合近海航行。而在出发前的1502年3月14日，西班牙国王发布了一个限制哥伦布权利的命令，并派了一名官员弗兰西斯科·德·帕拉斯兼任"加里加号"的船长。同时，斐迪南国王和伊莎贝拉王后不允许哥伦布在伊斯帕尼奥拉岛停泊和登陆。

1502年5月9日，哥伦布的4艘船只从西班牙加的斯港出发，首先到达大加纳利群岛，接着到了向风群岛中的马提尼克岛，绕过多米尼克岛、圣克鲁斯岛和波多黎各岛，到达不允许他登陆的伊斯帕尼奥拉岛，这是他上次航行中蒙受耻辱的地方，在这里他们遇到了巨大的风暴。7月中旬他们到达牙买加，接着到了古巴，最后又到了现在的南美洲洪都拉斯角、巴拿马地峡，又一次接近了美洲大陆的海岸，但是哥伦布本人对此仍不知情。在紧接着的4个月中，船队一直沿着美洲大陆海岸向东南方前进，航行极度困难，遇到了可怕的风暴。12月初，哥伦布的船队到达巴拿马和哥伦比亚之间的达连湾，这时哥伦布已经失望，觉得他无法再找到通往印度的航路。之后的航行一直在缓慢地进行，哥伦布的身体也越来越差，食物短缺和长期艰苦航行折磨下的水手开始反叛。哥伦布将两艘破损的船只绑在一起，派人乘坐独木舟外出寻求救援。伊斯帕尼奥拉岛的总督派来的小船只给了他们一桶酒和一箱腌肉。当地的印第安人也反对他们，拒绝提供食物。幸亏哥伦布用他的天文学知识预测出1504年2月29日将发生月食，他告诉印第安人的首领，由于他们不给西班牙人提供食物，上帝决定把月亮收回。果然，月食按哥伦布的预测发生了，印第安人立刻跪倒在地，央求哥伦布向上帝祷告将月亮还给他们。从此，岛民开始给西班牙人提供食物。1504 年 6 月 24 日，哥伦布和他的同伴离开牙买加，向伊斯帕尼奥拉岛进发，直到 1504 年 9 月 12 日，哥伦布和他的儿子、兄弟才回到西班牙。哥伦布第四次航行的主要成就是在世界地图上留下了从洪都拉斯到达连湾之间的美洲大陆轮廓，并发现了加勒比海上的许多群岛。

　　1505 年 9 月，垂老的哥伦布来到西班牙王宫所在地塞戈维亚，但斐迪南国王对他非常冷淡，受到强烈打击的哥伦布从此一蹶不振。1506 年 5 月 20 日，哥伦布在西班牙的巴利亚多利德去世。

　　哥伦布死后许多年，他的后裔发起了对西班牙王室的法律诉讼，认为西班牙王室没有兑现对哥伦布航海成就的承诺。1536 年，大部分诉讼问题得到解决，但判决拖延到 1790 年才执行，此时距哥伦布首航已经过去了近 300 年。

塞维利亚大教堂及哥伦布灵柩

在哥伦布的4次远航中，哥伦布几次与美洲大陆擦肩而过都没有登陆，而他自己一直认为他到达的是印度、中国和日本。后来，一个名叫亚美利哥的意大利学者经过更多的考察，才知道哥伦布到达的这些地方不是印度，而是一个原来不为人知的新大陆。于是，这块新大陆被以亚美利哥的名字命名为亚美利加洲（简称美洲）并沿用至今。如果当初哥伦布意识到是他发现了美洲，也许美洲就会以他的名字来命名了。

 **旅途思考**

大航海与奴隶买卖

大航海促使西欧迅速崛起，也带来了殖民地兴起和血腥的奴隶贸易。

臭名昭著的奴隶贸易是从葡萄牙开始的。著名的航海家亨利王子是最初奴隶贸易的指挥者。1441年，葡萄牙航海家安陶·贡萨尔维斯和努诺·特里斯陶在本·赛卡角附近将10名奴隶带回葡萄牙并在里斯本的市场上出售，这是欧洲人进行黑奴贸易的起始。1443年，葡萄牙人在几内亚等非洲国家规模化贩卖黑种人奴隶。1444年，亨利王子组织了以掠夺奴隶为目的的航行，一次性带回235名奴隶在葡萄牙拉古什郊外出售。从1455年起，每年都有约800名黑种人被卖到葡萄牙本土为奴。亨利王子因利用奴隶贸易获得航海资金而被世界谴责。

为西班牙王室效力的航海家哥伦布也是奴隶贸易的罪魁。哥伦布在1496年6月第二次航海回到西班牙时，带回了将近1 600名印第安人，他们中相当一部分人被戴上镣铐，随船卖到西班牙做奴隶。哥伦布希望奴隶交易能换回新殖民地需要的牲畜与其他供给。1503年起，西班牙人开始从西非引进黑奴，将其作为殖民地农业和矿业的主要劳动力。

美洲新大陆的开拓需要更多的劳动力，欧洲人对黑奴的需求量暴增。但我们知道其实在白种人到达非洲之前，当地的黑种人部落已经实行奴隶制了，部落战争的俘虏、受惩罚的罪人和逃荒的穷人是最早的奴隶。部落酋长会通过奴隶贩子将奴隶出卖给欧洲人。这些奴隶被装上奴隶船运往美洲转口贸易，相当一部分黑奴会在运输中死亡。典型的奴隶三角贸易是欧洲船长前往非洲，用金钱或欧洲商品从当地奴隶贩子手中购买奴隶，然后将获得的黑奴装船运往美洲，出售给种植园或者矿场，船长再购买或换取蔗糖、棉花、烟草、咖啡、可可等，返航回到欧洲，获取双重利润。我们多次提到的佛得角，就是葡萄牙奴隶贩卖的中转站，当年关押奴隶的巨大监狱至今尚存。

欧洲的奴隶贸易持续了将近400年。1808年1月1日，英国和美国同时宣布停止参与非洲奴隶贸易，但巴西等国直到1830年才完全禁止奴隶贸易。

8

在南美洲追随哥伦布的足迹

依赖于现代交通的发展，我很顺利地到达了哥伦布 4 次远航中到过的许多地方：海地、古巴、波多黎各、巴哈马、佛得角、牙买加、特立尼达、委内瑞拉、洪都拉斯、哥斯达黎加等。许多当年由哥伦布命名的岛屿名称被沿用至今，例如特立尼达、哥斯达黎加。我看到了度假胜地巴哈马的繁荣与休闲，看到了古巴保存完好的西班牙建筑，也看到了与美国近在咫尺，却最为贫穷和混乱的国家海地。我在波多黎各看了神秘闪烁的荧光海湾，在特立尼达看了地球上最密集、种类最多的美丽蜂鸟，在委内瑞拉看了世界上落差最大的安赫尔瀑布，在洪都拉斯看了玛雅古城，在哥斯达黎加看了令哥伦布惊叹不已的热带富饶海岸，也看了哥伦布眼中"一个迄今为止所发现的土地中最美丽、最富饶的土地"牙买加。旅行中，哥伦布的生平故事时时萦绕在我的脑海里。

一、海地

海地是哥伦布试图建立的第一个西班牙殖民地，哥伦布一生的耻辱之地，如今全世界最贫穷动乱、最没有旅游价值的地方。

我们在美国迈阿密乘美国航空公司班机，飞行 1 小时 50 分到达海

海地市场

作者和海地青年

8 在南美洲追随哥伦布的足迹

海地中心广场吹海螺者雕像

地首都太子港。从名称上看，太子港优雅高尚，据说因在殖民时期，一艘法国"太子号"轮船在港口躲过风暴而得名。

我们抵达海地的时间大约是16：00，天气很热，气温有30多摄氏度。我在机场认识一位在联合国工作的漂亮英国女士，她对我们两个人居然敢自己到海地旅游感到诧异，并告诉我一些有用的海地信息，主要是安全问题。太子港机场气氛还好，有乐队演奏音乐，出关也顺利方便，但一出机场，就发现机场非常简陋且周围十分混乱。

因为知道海地治安极其糟糕，我们听取了机场那位女士的建议，选择大酒店住宿。我们先乘私人出租车前往机场附近的酒店，距离仅一两千米，要价15美元。到了以后，发现酒店价格昂贵且位置偏僻，于是我们决定再次乘这位司机的车到网上临时查到的一家酒店，出发前讲好价格为20美元，但实际路途较远，我们又主动多给了5美元。酒店每晚价格为100多美元，在海地这样贫穷的地方，酒店和出租车的这个价格已经是天价了。幸亏酒店给人感觉极好，外国人都住在这里。酒店内部非常安静，有游泳池，门口还有保安层层把守，我们在这里住了3天。

海地17：00时还很热，天也还亮，我们一路看到的都是贫穷和脏乱。建筑简陋，4年前地震的废墟比比皆是，当地人衣着破烂，汽车破旧且驾驶员开车凶猛、不让行人，看不到一个外国人。

在酒店住下后，我们在餐厅吃晚餐，我点了烤猪排，量大而味美。海地酒店帮我们联系了一个叫让（Jean）的当地男子，会说英语，他计划明天带我们步行外出看太子港市区，后天乘他朋友的汽车到山上看森林，最后登高俯瞰城市。我们说好两天付让80美元，付车费125美元。

第二天8:30，让准时来接我们外出，步行不远就到了所谓战神广场，有骑士骑马雕像。旁边是国家博物馆（亦称独立英雄博物馆），门票为每人5美元，馆内没有其他人，一位博物馆工作人员专门给我们讲解。博物馆内没有多少实物，主要是关于海地历史的一些图片，但一进去就是海地独立英雄的室内墓地。图片展示海地先后被西班牙和法国统治的历史，有显示白种人残忍砍下当地人的手臂扔给狗吃的图片。博物馆工作人员解释这就是海地人不喜欢狗的原因，他们说狗是哥伦布带来的，在白种人残杀当地人中起了帮凶作用。国家博物馆另一部分是画廊，每两个月更换一次展出内容，博物馆建筑上面是很独特的几个火山状瓷砖雕塑。

我们随后看了一些地震留下的废墟，包括大教堂、学校等，倒是学校穿制服的中小学生是一道亮丽的乡村风景。我们本来想请让带我们参观一所学校，但学校不容许，让还为此和门卫吵了起来。

我们参观了"铁市场"（名称源于英文Iron，现在与铁无关），这里是工艺品和农产品、日用品的综合市场。市场内有当地人贩卖一点农产品，海地物价便宜，购买4个很大的芒果只要1美元，一堆土豆也只要1美元。还有人贩卖一种灰白色的饼干，非常廉价，让告诉我们，这是用当地的泥土做的，加了一点盐和植物油，再做成饼干的形状，在太阳下烤干。我问，这种饼干一般作为零食还是作为主食？让说两者都可以。说着，他拿起一块来吃，在嘴里咬得"咔哧咔哧"响。他问我要不要尝一尝，我拒绝了，过后又觉得当时应当尝一口的。

我买了一个吹海螺者的木雕，12美元，一个石雕母子，5美元，一个木雕猫头鹰，3美元。

第三天8:30，让和他的朋友来接我们，一同乘他朋友的四驱越野车出城。一路路况不错，我们先去一个森林瀑布，Seau deou（音译"属都"），这是当地的宗教圣地。到达后，两个人交了10美元购买门票，沿着修得很好的台阶走了没多久，即听到隆隆水声，不久便看到两条瀑布从天而降，落差约40米，两瀑布相隔十来米，呈八字形，很

海地妇女　海地小学生

难通过相机镜头将两条瀑布收录在一起。

沿着瀑布向下没有大路，我们只能攀着树根走小路，途中可以接近瀑布。瀑布的下方是一些石灰岩沉积的梯田状水池，类似中国云南的香格里拉中甸的白水台。整个过程中的路很难走，有几个少年扶我们下坡，借此赚取一点小费。

听让说，每年7月10日左右，会有不少人从世界各地来到这里参加巫毒教的宗教仪式。我请让给我详细介绍海地的巫毒教，他说他知道附近有一位巫师，如果愿意可以去找他占卜。巫毒教（Voodoo，也译作伏都教），原意是"精灵"。它原是西非加纳等地的一种神秘宗教，后由非洲黑奴带到海地并与当地原始宗教融合，形成如今的巫毒教。当地人都相信巫毒教可以使活人死亡，再使尸体复活，将其变成任由主人摆布的还魂尸。海地人相信，如果不参加巫毒教的宗教祭礼，就会被祭师诅咒。统治者也利用巫毒教，甚至在海地黑种人起义中也是用巫毒教聚集人群的。这种恐惧心理和周围群体的无形压力，使巫毒教在海地变得神秘莫测。几十年来许多人试图研究巫毒教，据说有人类学家看到疑似还魂尸干活和村庄里死去几年的还魂尸出现，还有科学家发现了巫师使用河鲀毒素、蟾蜍毒素等制成的"还魂药粉"，但巫毒教的秘密还是无从揭晓。我抑制住强烈的好奇心，没有跟随让去找巫师，不仅仅是怕花钱，更怕被巫毒教的这种神秘恐怖长期笼罩心理。

本来还想去看看太子港的海滨，并在高处俯瞰太子港城市全貌，但天热，想想也无多大意思，就直接回宾馆了。

一路上我们看到海地很多年轻人和中年人似乎无所事事，让告诉我们，海地有工作的人不到 1/3，所以到处是人。

第四天，用过早餐后，我们于 10：00 离开宾馆。安全起见仍请让和他的朋友来送我们离开海地，交了 40 美元。

海地岛又名伊斯帕尼奥拉岛，是加勒比海中第二大岛，原住民是阿拉瓦克印第安人，1502 年沦为西班牙殖民地。1697 年，法国根据《立兹维克条约》占据该岛西部的 1/3，即现今的海地共和国。1770 年，太子港成为法属圣多明各殖民地首府。由于殖民者的屠杀和虐待，原住民基本灭绝。随后西班牙和法国殖民者不断从非洲运进黑奴，因此现在的居民中，黑种人占 90%，黑白混血种人约占 9%，还有约 5 000 名白种人，居民识字率仅为 11%。

海地黑奴于 1791 年起义，终于在 1804 年宣告独立，建立拉美第一个摆脱殖民统治的共和国，也是第一个独立的黑种人国家。但君主制、共和国制轮番上演，仅仅 1908—1915 年期间海地就发生 6 次政变，更换了 8 位总统，陷入长期的动乱和内战中。1914 年美国进行武装干涉，后来在海地人长达 20 年的武装反美斗争中，美军被迫撤出。

海地恐怕是全世界经过殖民地统治后遭遇最惨的国家，现在仍是世界上最贫穷的国家之一。2010 年 1 月 12 日，海地周边海域发生里氏 7.3 级强烈地震，估计有 22 万多人死于大地震，令海地雪上加霜。

乘飞机从海地到美国仅需 1 个多小时，两国却有着天壤之别。在海地，你的感觉是窒息，不仅是空气污染令人窒息，还有治安的恶劣、环境的肮脏、人民的焦躁不安、行人眼光缺乏友善和脸上缺少笑容；街上除了芒果，没有值得骄傲的物产。

中国与海地没有外交关系。但中国应联合国要求，自 2004 年 10 月以来，向海地派出了 8 支维和警察防暴队。

离开海地时，想到世界上还有处于如此生活境况的人民，我的心情是沉重的。

二、度假天堂巴哈马

我是在同一年到海地和巴哈马（Commonwealth of the Bahamas）旅行的。

巴哈马时间与美国东部时间一样，都与中国相差 12 小时。16：00 到达巴哈马首都拿骚后，入关排队效率极低，花费了 2 小时。

巴哈马是一个位于大西洋西岸的岛国，距美国佛罗里达和古巴都

8 在南美洲追随哥伦布的足迹

巴哈马国徽

哥伦布纪念像

很近。

巴哈马吸引我，不只是因为它拥有旅游天堂的盛名，更因为它是1492年哥伦布发现美洲时的第一个登陆地点。

1492年10月12日，哥伦布的船队经过近70天的远航，在几乎失望的情况下终于见到一片陆地，哥伦布兴奋地登上这块新大陆，看到浅浅的海水拍打海岸，说了一句"巴扎马"（意为浅水或海），巴哈马的名称便由此而来。哥伦布到达巴哈马群岛时，岛上估计有原住民4万人，属于卢卡伊印第安人。但这些原住民在欧洲殖民过程中逐渐灭绝。以后来自非洲的奴隶、百慕大群岛上的英国殖民者、美国独立战争后的逃离者以及附近岛屿的居民在漫长的历史中融合成为如今的巴哈马人。1649年，巴哈马被英国人占据，后成为英国殖民地。1964年，巴哈马实行内部自治。1973年7月10日，巴哈马宣布独立，为英联邦成员国，但实际上与美国的关系更为密切。

巴哈马拥有700多个岛屿和数千个珊瑚礁，但只有30多个岛有人居住。主要的岛屿是巴哈马首都拿骚所在的新普罗维登斯岛、海港大巴哈马岛，以及最大的，也是哥伦布远航多次到达过的圣克鲁斯岛。

巴哈马成为旅游胜地得益于20世纪60年代的加勒比海危机。当时，古巴的豪华赌场和海滩场所对美国游客关闭，于是巴哈马取而代

97

之，得到迅速发展。

我们的宾馆就在天堂岛（Paradise Island）灯塔对面，从码头乘快艇仅10分钟就能到达天堂岛。

天堂岛除了因海水清澈、沙滩细白得名之外，还因为拥有被誉为世界最大的岛上豪华游乐酒店亚特兰蒂斯（Atlantis）而为人所知，这座以传说中已消失的文明古国亚特兰蒂斯命名的粉红色的酒店建筑群犹如漂浮在蔚蓝海面上的宫殿。酒店除了豪华的客房、赌场外，更著名的是游乐和休闲设施，例如仿佛海洋一部分的水族馆、很多游客都想体验一下的凌空穿过凶猛鲨鱼池的水滑梯等。非酒店住客的门票为100多美元，如果不去水族馆和游乐中心，则可以免费散步摄影。

巴哈马的旅游业采纳了西方的礼仪，微笑服务周到，保持了当地民族在艺术方面的禀赋，以富有特色的绘画、具有感染力的传统音乐舞蹈吸引游客，使其成为独具盛名的度假天堂。巴哈马的经济发展迅速，在国际上知名度很高，曾在奥运会上多次夺金挂银。

虽然巴哈马与中国在1997年才建交，但2005就被列为中国公

巴哈马度假中心亚特兰蒂斯

民出境旅游目的地国。中国甚至投资 26 亿美元在此建设西半球最大的度假村。

巴哈马国徽是我见过的最奇特的国徽之一：中间是光芒四射的太阳升出海面图案，象征国家欣欣向荣；一艘黄色帆船正在乘风破浪，这是纪念哥伦布发现新大陆首先登陆巴哈马；上面绿色的铁树和海螺、左侧腾空的蓝色旗鱼和右侧翩翩起舞的火烈鸟展示着巴哈马的海岛风情。

巴哈马与海地形成鲜明的对比：海地人谈到哥伦布和美国充满怨恨，而巴哈马人谈起哥伦布和美国都是一片赞扬之声。

三、以荧光海湾著名的波多黎各

波多黎各原为印第安人泰诺部落居住地。1493 年 11 月，哥伦布在第二次远航时来到这里，将它命名为圣胡安岛（San Juan），以纪念施洗者约翰（John the Baptist）。16 世纪中叶后，泰诺人几乎灭绝，欧洲殖民者、来自非洲的黑种人及以后产生的黑白混血儿成为当地居民。波多黎各 1509 年正式成为西班牙殖民地，1898 年美西战争后被割让给美国，现在是美国的波多黎各自治邦（The Commonwealth of Puerto Rico），居民是美国公民，但不参与美国的总统选举。因此，从美国到波多黎各的飞机算国内航班，也不需要办理任何手续。

我们的航班是从亚特兰大到达波多黎各首都圣胡安的，飞行近 4 小时。

到达的次日，我们游览了圣胡安古城。

早餐后，我们在旅馆不远处乘 21 路公交车，约 20 分钟即到古城，每人花费 0.75 美元。下车可换乘免费的城内巴士去想去的地方。这种巴士称为 TROLLEY，有两种：一种是完全敞开座位的白色双列拖车，运行于两个城堡之间；另一种是空调巴士，绕行全城，间隔十多分钟一趟，随时可上下，十分方便。

我们先到市中心的游客中心要了地图，再步行游览古城区和其中一个城堡，然后，乘 TROLLEY 到另一个城堡，两个城堡收费 5 美元/人。圣胡安古城是一个很成熟的旅游城市，建筑整洁，墙壁漆成明快的黄色、绿色、蓝色和橙色，白色门窗用精致的铁艺花纹装饰。阳台上摆满盆花，街道都用硬石块铺路，绿树成荫，间有红色的凤凰花，有一些上下坡和窄巷。城市有很多街心花园，装饰着西班牙风格的雕塑，有很多喷泉，小孩在间歇的喷泉中奔跑嬉戏。两个城堡均很宏大，有六层之多，而且历史上曾经过若干战斗。我们在城堡看了历史录像，从城堡看海景，美丽迷人。波多黎各人很热情友好，不乏混血美女，在环球小姐比赛中，波多黎各美女曾数次夺冠。

看过李安电影《少年派的奇幻漂流》的人一定记得荧光海湾，这是波多黎各旅游最吸引人的地方。据介绍，世界上有5个著名的生物荧光海湾，其中3个在波多黎各，分别是别克斯（Vieques）岛、库莱布拉（Culebra）岛和法哈多（Fajardo）海湾。

我们选择的是法哈多海湾，16:00出发，乘坐汽车约2小时到达海湾。将背包放在车上，大家穿上救生衣，打赤脚，准备划独木舟。其实塑料制作的独木舟很平很宽，两个人一只小舟，座位下有脚蹬的空格，独木舟很平稳，也很容易划。

我们一个旅行组共有十多只小舟，跟随导游划过类似湖面的海湾，这时天色已经全黑，导游头顶有一盏小灯引路，每只小舟则前后各拴一个荧光小圈用以识别。

进入红树丛交织覆盖的水道时，已经伸手不见五指。奇异的景象出现了，随着桨的每一次划动，被搅动的水发出蓝色的明亮荧光。将手伸入水中轻轻搅动，手的周围也会出现明亮的温柔荧光。可惜我的相机难以拍摄出这种荧光效果，试了好几次均不行，只好作罢。

水道很长，还不时转弯。有时小舟会碰到岸边的树根树杈，得用

波多黎各荧光海湾和咖啡馆

餐厅招待员

桨拨开。约半小时，划出水道，进入一个较为宽敞的湖面。导游让大家停下船，为大家讲解海湾的荧光，他说这是一种藻类，白天吸收太阳光，晚上在搅动时即发出荧光。白天阳光越强烈，晚上越黑暗，越容易看到荧光。那天是中国农历端午节，天上一弯新月，凉风习习，此情此景，终生难忘。

过了一会儿，导游带领大家返回，仍然沿着来时的水道，经过漫长的黑暗行舟，我们回到登船的海湾，眼前豁然开朗。在荧光湖停留1个多小时后，我乘汽车返回旅馆，时间已近23：00。

从我们住宿的旅馆出门5分钟即到海滨。那里有蓝天、椰树，海水清澈、水温宜人，沙滩平整，沙子细而白，是一个很好的海滩。可惜浪有点大，所以说是在海里游泳，实际上戏水的成分更大一些。

旅行期间，我们正好赶上当地的圣胡安节。市中心非常热闹，有很多工艺品制作和出售的地方，从木雕、石雕、瓷器、塑料制品到绘画应有尽有，而且档次都挺高。工艺品中以"东方三博士祝贺圣婴诞生"为题材的占了很大比例。本来期望看到化装游行之类的活动，但没有。当地人告诉我们，节日的高潮在晚上，大家聚集在海滩喝酒狂欢，午夜时再到海里仰面洗涤三次，可以消除灾难和厄运。我们来到海滩时，已经有很多人聚集了，但次日凌晨要乘坐航班离开，所以我们没有久留。

波多黎各街景

波多黎各象征原住民皈依基督教的雕像

四、黄金之国哥伦比亚

　　1502年12月，第四次远航的哥伦布船队到达巴拿马和哥伦比亚之间的达连湾。哥伦比亚（Colombia）的名字就是哥伦布的名字加上拉丁语后缀 –ia 而构成的，意思是哥伦布之大陆。

　　欧洲人大航海的动机之一，就是去东方寻找黄金。哥伦布的第二次航海中，船队也真的顺利找到了几条含有金沙的河流和重达10盎司的天然金块。

　　在哥伦布第三次航海中，哥伦布船队成功地发现了丰富的黄金矿产。

波哥大教堂广场

高原印加妇女

现在的南美洲，包括哥伦比亚和印加帝国是历史上的黄金中心。从5世纪开始，印第安人就用黄金制作耳环、鼻环、项链、手镯、脚镯等装饰品，还制作给太阳神的献祭品以及黄金面具等祭祀品。

我们到哥伦比亚旅行时，首先去看了位于北部的瓜达维达湖，也称黄金湖。瓜达维达湖是印第安人的圣湖，这是一个类似火山口的椭圆形湖，海拔3 000米，步行约半小时上山。我目测湖的面积大约是300米 × 400米。游览途中，我们还经过当年印第安人祭祀的复原房屋，里面有一些关于祭祀历史的黑白照片，导游用英语给大家讲述印第安人的历史。

印第安人信奉太阳神。在重要的祭祀中，酋长浑身涂上树脂后再粘上金粉，变成金人，乘木筏到瓜达维达湖向太阳神祭拜后跃入湖中沐浴，酋长身上的金粉掉落，湖面金光闪闪。部落的居民则将宝石和黄金祭品投入湖中献给神明。这就是黄金湖的来历，据说其中的金器有几万件之多，西班牙人曾多次打捞。

参观黄金的高潮来自波哥大的黄金博物馆。哥伦比亚黄金博物馆是世界上收藏黄金器物最多的地方，不仅有哥伦比亚的，还有所有印加国家的黄金制品。这里有几件国宝：一件是由黄金铸造的一条船，采用"失蜡法"铸造再进行打磨，到现在还是金光闪闪；另外一个是像青蛙又像太空人的有四个脑袋的一个黄金实体；还有著名的小金人，以及一些如丝如镂、精细轻薄的装饰品，设计美观，如今看来依然时髦。

最吸引观众的地方是博物馆顶层的黄金大厅，这里陈列着数以百计的黄金珍品。参观者分批进入后，先在黑暗中站立，突然灯光闪亮，几百件黄金珍品在灯光下金光闪烁。

陈列大厅里有一个部落酋长的复原墓葬。墓中酋长头戴金帽，脸上覆盖着黄金面具，双耳装饰着黄金耳环，手足戴有黄金镯子，脖子

黄金博物馆里的黄金船和黄金人

上套着12个黄金项圈。棺椁里还有黄金宝剑、黄金器皿等殉葬品，这一墓葬传递了印第安人的转世信仰。

印第安人的黄金艺术品在殖民时期被欧洲人洗劫殆尽。哥伦比亚政府从1939年起，收集全国以及南美各地的印第安人黄金艺术品，终于达到现在近3万件的规模，反映跨越几个世纪的印第安人璀璨的黄金文化。

黄金博物馆里除了黄金饰品外，还有很多陶器，尤其是关于生殖崇拜的陶制艺术品等。难能可贵的是，这个黄金博物馆允许游客在不用闪光灯的情况下摄影。

哥伦比亚陶工艺品　　哥伦比亚女子

我们从波哥大飞到东边的海滨城市卡塔赫纳，那是一个西班牙殖民历史上古老的城市，也是一个曾经贩卖过黑奴的地方。城市中心是教堂广场，城市的建设者叫佩得罗，主教也叫佩得罗，两人都有雕像。古代城墙的主门称太阳门，很多地方保留着西班牙的建筑特点，色彩非常鲜艳亮丽。

卡塔赫纳有一条涂鸦街，墙上画满壁画，其中的混血美女、人称"姆拉塔"的女孩最为漂亮。《百年孤独》的作者马尔克斯就出生在哥伦比亚，在这个城市里生活了10年，所以涂鸦墙上也有他的肖像。广场上的教堂是黄色的墙面，门口有一个青铜的大钟叫作独立钟，这是哥伦比亚1811年独立时铸造的。1911年，哥伦比亚庆祝独立100周年时修建了纪念公园。

1501年，西班牙人巴斯蒂达斯首先到达哥伦比亚北部海岸。1533年，埃雷迪亚建立了卡塔赫纳城。1611年，西班牙殖民者为抵御英法

卡塔赫纳街景　涂鸦街上的流浪汉

军队的攻击，在这里建设了13千米长的城墙，并架设多门大炮，现在城墙被完整地保留了下来。同时，城中许多西班牙时期的建筑也被保留了下来。教堂广场里面可以看到当年贩卖黑奴的地方，现在是当地政府所在地。

　　离教堂广场不远的高地上有一座古老的修道院，站在修道院平台上可以看到海滨和建设中的高楼。这个修道院以前是男修道院，以黄色为基调，非常美，西班牙安塔露西亚风格的拱形走廊和柱子都是用火山岩建造的，走廊里花团锦簇、姹紫嫣红。后来，修道院变成了女修道院，中间供奉的神是主管人的一生的圣母。每年12月，信徒们会将圣母从修道院请出，在城市巡游，然后再送回修道院。修道院里还有一组雕塑表现的是当地黑种人在祭拜一只羊，上面有一个人头雕像。导游告诉我们，欧洲人到来之前，当地黑种人有自己的原始信仰，尤其崇拜羊神。印第安人祭拜时会喝烈酒，醉酒后产生梦幻可以看到神，人头雕像就代表他们看到的神。西班牙人到来后，认为这是邪教，让当地人都皈依了天主教。

哥伦比亚黑色圣母　　　　　　印加人原始宗教祭祀

五、委内瑞拉

1498年8月13日,哥伦布在寻找新大陆的航行中,他的船进入广阔的海洋,在向埃斯班尼奥拉前进途中,哥伦布又发现了一些岛屿,包括玛格丽塔岛,就是今天委内瑞拉的著名旅游胜地珍珠岛。

委内瑞拉北临加勒比海和大西洋,东与圭亚那为邻,南同巴西接壤,西与哥伦比亚交界。我从哥伦比亚进入委内瑞拉,体验到类似巴哈马与海地的对比:巴哈马人谈起哥伦布和美国都是一片赞扬声,而海地人对哥伦布和美国则充满怨恨;同样,哥伦比亚赞扬哥伦布和美国,而委内瑞拉则不喜欢哥伦布和美国。委内瑞拉1567年沦为西班牙的殖民地,1811年7月5日宣布独立。1819—1829年同现在的哥伦比亚、巴拿马和厄瓜多尔组成"大哥伦比亚共和国"。1830年委内瑞拉脱离大哥伦比亚共和国。

安赫尔瀑布

委内瑞拉国内失业率很高、贫富差距大。被公认为是拉丁美洲最不安全的地方之一，民间平均每两人就有一件武器。导游说，在这里买一支枪比买一只鸡更容易。

安赫尔瀑布是世界上落差最大的瀑布，达979.6米，是尼亚加拉瀑布的18倍。1937年，美国探险家詹姆斯·安赫尔（James Angel）发现了该瀑布，后来该瀑布被命名为安赫尔瀑布。

安赫尔瀑布是最难看到全貌的瀑布，因为瀑布被密林遮掩，没有道路直达瀑布脚下，即使历经艰辛到达瀑布下面，也看不到瀑布的全貌。

我们在卡奈马公园找到飞行员，请他带我们坐小飞机绕行去观赏安赫尔瀑布。现在的季节，瀑布的水量不太大，能看到银链般的瀑布。小飞机有12个座位，我们一行共7人，坐在座位上，头顶离飞机的软顶棚只有一个拳头的距离。飞行员告诉我，飞机飞行高度约3千米，所以从飞机上看地面、河流、山峰、白云都很清楚。瀑布分为两级，第一级落差807米，山水倾泻而下，落在岩架上，再经过第二级的落差172米，跌落到山脚下一个宽152米的水池。瀑布飞泻而下产生的滴滴水珠在阳光照射下，形成一条悬挂在空中的美丽七色彩虹。飞行员是一位年轻人，我请他帮我们多绕了一圈，绕行的瞬间我拍到了令人满意的照片。

下午，乘船去游览卡奈马潟湖，欣赏美妙的湖光山色，抵达后在导游的带领下，步行穿越丛林，抵达萨泊瀑布，包括斧子瀑布。委内瑞拉曾为印第安人阿拉瓦克族和加勒比族的居住地，现在的委内瑞拉人当中，有六成都是西班牙人和印第安人的混血儿，所以委内瑞拉是全世界盛产"环球小姐""世界小姐"最多的国家之一。

感谢飞行员的高超技术

委内瑞拉女孩

委内瑞拉儿童

六、度假胜地和海盗王国牙买加

牙买加原住民为印第安阿拉瓦克人，牙买加在当地语言中意为"泉水之岛"。1494年5月4日，哥伦布在第二次远航中发现该岛，以为这里盛产黄金。哥伦布航海日记中的结论是："尽管这个岛在各方面如同人间天堂一般，但既没有找到黄金，也没有找到其他金属。"1502年7月，哥伦布在第四次远航中再次到达牙买加，接着到了古巴，最后又到了现在的洪都拉斯角和巴拿马地峡，在以后的航行中遇到了可怕的风

牙买加海港

牙买加纪念哥伦布登陆的油画

暴。于是哥伦布返回牙买加，1504年6月24日，哥伦布和他的同伴离开牙买加。

1509年，牙买加成为西班牙殖民地。岛上的印第安人在战争、疾病和奴役下渐趋灭绝，当地人口代之以西班牙从非洲贩卖来的黑奴，在漫长的历史中形成以黑种人为主体的融合民族。1670年，战败后的西班牙正式将牙买加割让给英国。

牙买加在国际上的知名度很高，除了拥有金色海滩的度假胜地外，还因为出产世界上著名的咖啡和朗姆酒，以及历史上的加勒比海盗王国和今天的田径王国著称。今天加勒比海盗已经绝迹，而每年奥运会的长跑冠军几乎都来自牙买加。

我们是从美国迈阿密乘飞机到牙买加蒙特哥贝（Montego Bay）的，飞行1小时10分，到达时是19：45，正值海湾呈现晚霞景色。蒙特哥贝是牙买加第二大城市，也是重要国际航班往来地、世界知名的加勒比海休闲度假区。

次日，我订了一辆出租车，花135美元到奥乔里奥斯（Ocho Rios），游览牙买加最著名的景点邓恩河瀑布（Dunn's River Fall）。

奥乔里奥斯是著名的游览胜地，以水温适宜的海滨浴场著名，海岸上椰林婆娑、风光秀丽。古老的小镇有1798年建成的最古老的教堂，还有殖民者建立的著名豪华庄园玫瑰堂大宅（Rose Hall Great House）。

邓恩河瀑布总落差 180 米，直泻入海，但它不是落差很大和水量浩瀚的瀑布，而是一条有一级级落差的乳白色河流，主要景点是一些沉积岩形成的不规则台阶，河水从四面八方流下，称作瀑布有点勉强，气势不足，浪漫有余。台阶表面很滑，还有硌脚的碎石，有游客穿着泳衣和水鞋沿河面行走，情人在景点拥抱亲吻，这就是邓恩河瀑布的魅力。

这里有一个哥伦布公园，是哥伦布在牙买加最早的登陆点，也被称作发现湾。公园里除了有哥伦布雕像外，还有炮台和大炮等遗迹。

景区有一位从事雕刻技艺的牙买加草根艺术家厄恩，他按照自己的相貌雕刻黑木半身像。木雕充分利用黑木上的黄色纹理，男子的小辫和面容惟妙惟肖。我买下了这个雕像，厄恩为我在木雕上签名并与我合影。后来再看旅馆的画报，发现上面用整版介绍厄恩，他竟然是个名人。

次日，我们包车从蒙特哥贝到牙买加首都金斯顿，车程约 4 小时。途中，我们经过牙买加的一座大山，山上风景秀丽，有小镇和民居。牙买加土壤多为红色，参天大树不多，导游说，这种土地长不出好作物。

中午到达金斯顿后，我们看了几所大学，并在牙买加理工大学拍了照。建于 1881 年的德温公馆是牙买加首位黑种人百万富翁的宅第，

作者与牙买加艺术家厄恩

牙买加海盗

牙买加西班牙镇的铸铁古桥

有整齐豪华的花园。我们到达那天是星期六，德温公馆不收门票，但室内不开放。所以，我们只在外围照了几张照片。

金斯顿的建筑给人感觉很新。国家艺术馆有很多具有特色的艺术作品，分不同时代陈列，可惜不让摄影。金斯顿中心公园内有一座著名的巨型雕像，是一对站在水中的健美的裸体青年男女。

金斯顿附近的西班牙镇是西半球最古老的城镇之一，其中英国教会大教堂是西半球上同类教堂中最古老的，西班牙镇桥是加勒比海地区最古老的铸铁桥。市区中心的广场具有典型的乔治亚时期建筑风格，有街头雕像，但整个西班牙镇已经失去了当年的精致优雅，而呈现沧桑和破败。

牙买加也是一个基因熔炉，现在的混血姑娘都十分漂亮。我拍了许多美丽的牙买加姑娘的照片。其中一位14岁女孩，身材修长，比我还高，特别是两条腿很长。我说，她会成为今后的长跑冠军，她腼腆地笑了。

牙买加除了中小学免费教育做得极好外，全国共有高等院校17所，其中西印度大学有人文学科和医学院，学生上万。有趣的是，西印度大学常被人误认为在印度，原因就是当初哥伦布以为自己到了印度，留下西印度群岛这一容易让人糊涂的名称。

七、在特立尼达看蜂鸟

哥伦布在航行中曾经命名过很多国家和城市，很多是以《圣经》中的圣徒或者西班牙王室人物命名的，特立尼达则是根据山的外形命名的，意为三座山顶，这个名称一直沿用到现在。特立尼达和多巴哥合起来是一个国家，实际上是分开的两座岛，一座是特立尼达岛，另一座是多巴哥岛。

特立尼达和多巴哥国徽

多巴哥岛首府是西班牙港，有一个天然形成的沥青湖，已经存在千年，据说建造北京首都机场的很多沥青就来自这里。

特立尼达岛是个非常漂亮的地方，是鸟类的天堂。特立尼达和多巴哥国徽左侧是美洲红鹮，鸟爪下为有三座山峰的山峦，象征特立尼达岛；右侧是一只火烈鸟，象征多巴哥岛。

我们到特立尼达岛的主要目的就是看蜂鸟。我们开车到阿萨·莱特自然中心（The Asa Wright Nature Center），它是德国人 50 年前建立的。自然中心环境优美，一位女导游带着大家徒步行走丛林，介绍当地植物和鸟类。有我们很熟悉的大板根、美蕊花，也有一些我们不知道的树。这里有非常多的鸟，其中令我印象最深刻的一种鸟叫 Bread bellbird，蓝灰色，体型很小，但叫出来的声音非常响亮，像敲木板，导游说它是鸟类中的迈克尔·杰克逊。

观看蜂鸟是这里的重头戏。自然中心有一个巨大的厅，四面是开放的木质走廊，近在咫尺的小灌木丛里悬挂了许多五颜六色、造型各异的喂食小鸟的瓶子，里面灌满了糖水。我们就在走廊靠椅上静坐，支好相机三脚架等着蜂鸟。大厅里有图文并茂的说明，可以对照观看，旁边还有中心的鸟类专家随时解答大家提出的问题。

通过鸟类专家，我得到了很多关于蜂鸟的知识。蜂鸟科包括 300

多巴哥西班牙港

聚集在一起的蜂鸟　　花丛中的蜂鸟

多种鸟,最大的蜂鸟有十多克重,但人们更喜欢的是小蜂鸟,其中红隐蜂鸟和吸蜜蜂鸟体重不足2克。以前我以为蜂鸟因像蜜蜂一样大小而得名,实际上是因为蜂鸟飞行时两翅振动发出的嗡嗡声酷似蜜蜂而得名。蜂鸟的羽毛一般为有金属光泽的蓝色或绿色,有的也点缀着红色或黄色,雄鸟比雌鸟漂亮得多。蜂鸟的喙细长,多数是直的,有的也有弯曲的喙尖。其实蜂鸟不单吃花蜜,也会吃一些小虫,如蜘蛛、甲虫、蚂蚁等。蜂鸟还是一夫一妻制的鸟类,只不过雄鸟仅仅是在浪漫时刻伴随妻子,并不担负抚养后代的责任。

蜂鸟有几项特殊的本领,首先是翅膀装有"刹车"和"倒挡",所以可以在花丛停飞和倒飞。蜂鸟的翅膀每秒钟可以扇动70～80次,蜂鸟飞行时的心跳可达到每分钟500～1 000次,呼吸频率为每分钟200次。蜂鸟善于将花蜜等糖分快速转化为能量。而当蜂鸟休息或者睡眠时,心跳和呼吸速率、体温都会迅速下降,甚至体重减轻,进入类似冬眠的蛰伏状态。

蜂鸟演化历史中包含其从欧亚大陆到美洲的历史,鸟类学家说蜂鸟可能是通过白令陆桥迁徙到美洲的,但现在仅仅落户于美洲,尤其是中美洲、南美洲和加勒比海地区。中国境内以及整个亚洲、欧洲、非洲、大洋洲都没有蜂鸟,所以国内一些人拍摄的吸食蜂蜜的"蜂鸟",其实是飞蛾的特殊种类,如长喙天蛾。

我们拍摄蜂鸟的时间长达数小时,看到了十多种蜂鸟,满意而归。同行的贾丰老师是摄鸟高手,一直津津乐道他拍摄的蜂鸟可以达到"数毛"的清晰程度。

结束自然中心的行程后,我们游览特立尼达城市,到一个高高的

美丽的蓝色蜂鸟　蜂鸟可以在空中停留

平台看城市全景，海滨正在大兴建筑。

八、沉浸在古典意境中的古巴

在我去过的国家当中，古巴绝对是令我印象最好的国家之一。包括自然环境、历史文化，更包括热情友好的人民。

我第一次去古巴是在2000年，是与古巴洽谈科技合作的。我们从巴黎飞行5个小时到达哈瓦那，住在新华社驻哈瓦那分社内。那里环境优美、建筑宽敞，是以前的西班牙贵族府邸。

我们的行程安排得满满的。短短的一周内，我们马不停蹄地访问了古巴分子免疫中心（该中心正在发展肿瘤疫苗治疗）、古巴分子遗传与生物技术研究所（该研究所研发了乙肝基因工程疫苗，正在开展丙肝疫苗研究）、芬莱研究所（该所研究疫苗，所长是古巴共产党中央政治局委员）、古巴国家实验动物中心和国家生物药剂中心、古巴热带病研究所、国家科学研究中心、古巴农牧卫生中心等，受到了热情的接待。古巴的生物科技在许多方面与中国互补，他们也很愿与我们建立合作关系，每到一处都在催促我们签署备忘录。

我的感受是，古巴的研究所规模都十分宏大、很有气派，科研条件也较好，不逊于国际先进水平。尤其疫苗研制，动物中心的猴子、小鼠饲养等方面，均给人留下深刻印象。各研究所的级别均较高，有政治局委员、中央委员担任所长，好几个研究所的领导都是女性。科研人员工作勤奋，一切都井井有条。每到一个研究所，工作人员都会首先介绍国家整体研究及兄弟所的情况，古巴许多生物医药产品由多家研究单位共同研发,在这里完全看不到突出自己、贬低其他研究所的情况。

我对古巴人印象极好,他们对人开朗热情,人民健康、轻松、自由,没有种族歧视,也没有性别歧视。一天我们开车出去,向一位迎面而来的摩托骑手问路,结果他二话不说,直接掉头开着摩托车为我们引路。

哈瓦那几乎没有现代化高层建筑,整个城市以淡黄色为主色调,都是革命前(1960年)的低层西班牙式建筑。中国大使馆和新华社的房屋都比较宽敞,有很大的花园。街上走着几十年前的苏联旧车和韩国面包车,几乎没有新的豪华车辆。城市中雕塑很多,街心花园占了路面一半的位置,但交通不拥挤,说明车辆少。在哈瓦那路边有很多排队搭顺风车的人,因为古巴规定下午凡是空车均应搭乘他人,所以这种顺风车是完全免费的。

古巴人民享受免费医疗、免费义务教育(包括校服)。小学女生校服为白衣红裙,初中女生为白衣黄裙,高中女生为白衣蓝裙。古巴体育场极多,到处有人在跑步、运动。作为小国,古巴在奥运会上经常获得奖牌。古巴人基本生活成本不高,也有购物本,实行计划供应,几乎没有多少商业活动。仅有的几个商场里,东西也不多。

离开哈瓦那前一天,古巴科技部部长罗莎在人们称为"小白宫"的议会大厦科技部接见我们,我们递交了与几个研究所合作意向的备忘录。

还有一点令人印象很深的是,哈瓦那到处可见革命英雄切·格瓦拉像,包括路边、体育场、硬币、邮票、帽子、工艺品等,而几乎没有领袖卡斯特罗的像。值得一提的是,切·格瓦拉像几次用于古巴货

作者与古巴科技部官员、科学家

哈瓦那街头的切·格瓦拉巨幅画像

哈瓦那教堂广场

币上，但卡斯特罗像从未应用于货币上。古巴官员不腐败，我们访问的芬莱研究所所长是古巴共产党中央政治局委员，他乘坐的一辆苏制旧拉达车还有一只车灯是坏的。

那一次到古巴，我们没有深入地游览，但看到的几个景点都令人印象深刻。整个哈瓦那保持着西班牙建筑格局，尽管多年没有新建大型建筑，但仍不失为"美丽的哈瓦那"。市中心的哈瓦那圣母玛利亚托瓦尔大教堂始建于1748年，是古巴最大的教堂。它有两个特点：一

哈瓦那街头的摄影师

是两侧方形塔楼一粗一细，完全不对称；二是建筑材料是海洋中的珊瑚石。这座被誉为"石头谱出的音乐"的教堂被称为西印度群岛最具代表性的地标之一。古巴革命成功后并没有关闭教堂，每天都有民众来教堂祈祷。

大教堂前的广场不大，却是哈瓦那古城里最热闹的地方。还有架着古老相机为当地人拍黑白照片并现场冲洗的艺术家。这里也是著名的工艺品市场，出售的都是手工制作的艺术品，黑木雕像颇具特色。古巴的艺术品受西班牙文化影响很深，以唐·吉诃德为题材的作品不少，我购买了一座用粗铜丝手工编成的唐·吉诃德骑马像，造型独特。

莫罗城堡（Moro Castle）位于古巴的哈瓦那旧城。是哥伦布发现新大陆后，西班牙为发展南美殖民地、保护其海上贸易而修建的古堡。古堡保存完整，雄踞海岸，周边地势险要。每晚21：00，有古代沿用至今的鸣炮仪式。届时城堡内熄灯，人们点燃火把，士兵身着西班牙军服正步操练，给火炮装填火药，然后鸣放礼炮，这是哈瓦那延续多年的传统。

莫罗城堡及夜巡仪式

另一个令我印象深刻的景点是离哈瓦那约140千米的巴拉德罗（Varadero），这是一个半岛，海滩极美，沙细而白，阳光下棕榈树树影婆娑。这里的海水不是简单的湛蓝，而依层次不同变幻为孔雀蓝、淡蓝和碧绿，是我所见过的最美丽的海滩。海滩上除了草顶凉亭外几乎没有多少建筑，显得朴实无华。我去时尽管已是11月，但水温仍然适宜游泳。

巴拉德罗海滩

带着对古巴的美好印象和未能尽兴游览的遗憾，14 年后，我又重新踏上了古巴这块土地。我也想看看，这些年间古巴发生了什么变化。

这一次是纯粹的旅游。我们两人从巴拿马转机到古巴哈瓦那。我们办理的是古巴旅游卡，后来知道中国公民凭第三国签证也可免签进入古巴。

在哈瓦那机场，我们遇到了几个中国留学生。仔细一问，才知道他们是在古巴学医学的学生，彼此聊起来十分亲切。其中一位女生姓魏，她的男朋友姓吴，经过商量，小吴将在以后的 3 天陪我们旅游，我们付一些租车和导游费用给他们。

小吴招出租车送我们到预订的 Gran Caribe Hotel Plaza 酒店，酒店设施有些陈旧，但位置十分优越，就在哈瓦那老城大教堂广场。

古巴货币叫比索，但有两种流通货币。小吴告诉我们，两种流通货币中有一种称为"红比"（简称 CUP，Cuban Pesos），是专门给外国人兑换使用的，相当于中国以前的兑换券；另一种是"土比"（简称 CUC，Cuban Convertibles），是古巴当地人购买东西用的，当然换"红比"要昂贵得多。欧元兑换古巴比索时，100 欧元可以兑换 132 比索，100 美元可以兑换 95 比索，但用美元兑换需要增加 10% 的税，最后只能得到约 87 比索，所以用欧元更划算。

小吴告诉我们，不必去住昂贵的酒店，古巴现在允许私人办民宿。

我们次日即搬出酒店，后来在哈瓦那和古巴的其他城市，我们也一直选择民宿住宿。在古巴，经批准的民宿有一个铁锚标志，看上去像汉字的工字。标志又分两种颜色，蓝色的可接待外国人，红色的只能接待古巴人，后者条件更简陋些，价格也更低。

相隔14年，古巴有了哪些变化？哈瓦那的城市建筑仍然是老旧的西班牙建筑，街上跑的大多仍然是被漆成靓丽色彩的老爷车，只不过这次可以看到一些新车。

现在的大教堂广场仍然热闹非凡，有一些露天酒吧。那里有许多欧美游客，一个身着明艳服装的人弹着吉他在演唱。广场西北边的巷子里是当年海明威经常光顾的地方，以价廉著名的"五分钱小酒店"，店主推荐的是海明威至爱的古巴鸡尾酒Mojito。如果你抽烟，还可以选择丘吉尔最爱的粗大的古巴雪茄"罗密欧与朱丽叶"叼在嘴上，但没有人能一次性抽完一支这样的雪茄。我带回中国的古巴雪茄，几乎没有一个中国人不被它呛得咳嗽。14年间还有一个主要的变化，古巴现在允许私人开店铺和餐馆，所以形成了一个所谓的唐人街。古巴唐人街很小，没有一家中国超市，有一些中国餐馆。我们在据说最好的天坛酒店吃了中餐，铁板牛肉、炸排骨、回锅肉加一盘蔬菜，共花费45比索。

哈瓦那革命广场（Plaza de la Revolución）建于20世纪40—50年代，面积为7.2公顷，在欧美绝对是最大的广场，这是古巴举行集会、卡斯特罗面对百万民众讲演的地方。广场的何塞·马蒂纪念碑高达109米，对面的民政部大楼上有切·格瓦拉和卡米罗的铁框巨像。

海明威故居书房

不同肤色的古巴孩子

此外，哈瓦那还有一个黑旗广场，但比革命广场小得多，这里靠近美国办事处，据说每当美古关系不佳时，卡斯特罗就在 50 个旗杆上全部挂上黑旗以示抗议。

随后，我们沿着主要街道漫步，到达海滨大道，即防波堤大道，对面就是有名的莫罗城堡。

13：00，小吴开着租来的汽车接我们，我们先去了海明威故居。海明威故居位于哈瓦那郊区，有很大的庄园，还有海明威使用过的小船。海明威看来酷爱打猎，书房、客厅、卧室处处用鹿头装饰，书房的桌子上还放着一颗呲牙咧嘴的熊头。

我们继续乘车约 2 小时到达湿地公园（古巴 1 比索硬币背面就是这个公园的图案），公园里风景十分秀丽。在此乘船沿河划行可到达印第安人聚集区的小岛，这里实际上是一个印第安人的文化保留地，有一些表现印第安人生活的雕塑。我问是否还有哥伦布登陆古巴时的印第安人存在，一位工作人员告诉我，他们有后裔存在，但多数已经混血融合。

湿地公园有许多野生鳄鱼，还有乌龟、蜥蜴等动物。

以哥伦布西班牙名命名的哈瓦那科隆公墓（Cementerio de Cristóbal Colón）占地 60 多公顷，是拉美最大的公墓，建于 1876 年。建筑师在设计建造过程中去世，成为该公墓内安葬的第一个人。后来，很多贵族的灵柩安放于此，因此公墓内不乏艺术价值很高的石雕。古巴革命后，贵族们纷纷逃离古巴，如今终于能够重返这里祭奠先祖了。

从哈瓦那开车约 3 小时，即到达特立尼达（Trinidad），这是一个

古城特立尼达　古巴民宿

靠近加勒比海的小城镇，已有500多年的历史，被称为博物馆城市，1988年被列入世界文化遗产。1514年，西班牙殖民者在这里建设农庄种植甘蔗，使这里成为世界著名的蔗糖产区和贸易中心。经济的繁荣依靠的是非洲奴隶，所以特立尼达也是南美最大的黑种人奴隶市场。在特立尼达小镇近郊的洛斯因赫尼奥斯谷，我们登上中央一座高192米的钟塔，那里视野开阔，城市风景美丽如画。可当知道这个瞭望台竟然是以前奴隶主为监视奴隶劳动而建立的，卫兵在台上看到企图逃跑的奴隶甚至可以直接射杀，我的心情顿时又沉重起来。

晚上，我们住进特立尼达一家民居，就在小广场附近，有美丽舒适的庭院，可以坐着摇椅乘凉，那里空调电扇俱全，还包含丰富的早餐——面包、黄油、煎鸡蛋、水果、果汁、咖啡，一个房间总共才花费20比索。

次日，我们开车3个多小时到巴拉德罗海滩。这里的水域仍然是异乎寻常的颜色，绿色和蓝色时时变幻。与上一次看到的相比，在长达22千米的白色沙滩上已经有不少建筑，完全是欧美风格的度假设施，现在这个海滩被列为世界最著名的十大海滩之一，每年有100万以上的人来到这里度假。海面上有一些小的帆船在游弋。巴拉德罗还有一个海洋馆，接待许多古巴和其他欧美游客。

抽雪茄的古巴老太太

古巴盛产黑木雕刻工艺品

如今的古巴变得越来越开放，古巴人的开朗热情也保持至今。我和一位古巴朋友在海滩聊天时，他问我："你知道谁是第一个来古巴旅游的人吗？"我摇摇头，他说："是哥伦布。"

结束了在南美洲探索哥伦布足迹的旅途后，我们返回西班牙，在巴塞罗那科隆广场休息时，我仰望高达 60 米的赭红色大理石纪念塔，塔身上有"光荣属于哥伦布"的碑文，塔顶的哥伦布铜像右臂指向大西洋，他眼神坚毅，保持着发现新世界时的踌躇满志。我想，尽管他命途多舛、晚景悲凉，但他毕竟是最著名的航海家，他用一生实践了他的座右铭："世界属于冒险家。""天才，就是能从别人认为贫瘠的地方挖出金子和泉水的人。"

旅途思考

古代航海的地图

今天，我们的每一次旅行都离不开地图。地图对于航海事业尤其重要，在历史上，地图促进了新世界的发现。地图还是人们宇宙观和哲学观的历史体现。

第一幅影响世界的地图是《托勒密世界地图》，它于 150 年形成于埃及托勒密王朝。托勒密是用相同间隔的经线和纬线将球形的地球上大陆与海洋的位置，以及各地区的位置关系，描绘成世界地图的第一人。今天看这幅世界地图，地中海地区、西欧部分地区和近东地区看起来都与现代地图差不多，但有些遗漏和误差，这反映了古典希腊的世界观。托勒密不知道美洲的存在，他将印度洋画成一片辽阔而封闭的海洋，而斯里兰卡比整个印度次大陆还大；托勒密还将地球的周长少算了 1/4。即便如此，托勒密地图在大航海时代前影响了世界 1 400 多年。

德国地图学家马丁·瓦尔德米勒 1507 年绘制的《世界地图》是世界上最早使用美洲这个名称的地图，这幅地图现在收藏在美国国会图书馆里，是图书馆在 2003 年花 1 000 万美元买下来的。

《寰宇全图》(*Theatrum Orbis Terrarum*) 由弗兰德学者及地理学家亚伯拉罕·奥特里斯在 1570 年首次出版，其中共包含 53 幅地图，每幅地图均附有详细注释。它被视为第一部真正具有现代意义的地图集,出版后很快有了拉丁语、荷兰语、法语、德语和西班牙语译本,流传全世界,是探险家心中的无价之宝。

能够亲自绘制航海地图的航海家是英国的詹姆斯·库克(James Cook,1728—1779),他很早就在军队中展现出测量学和地图学方面的才能。库克在1768—1771年的首次太平洋航行中亲自测量描绘了新西兰的海岸线,将组成新西兰的两个主要岛屿——北岛和南岛被海峡(现称库克海峡)隔开的地理状况显示出来,使新西兰"被发现"不到6个月就有了公认的《新西兰地图》。

9

大洋何处不库克

我从新西兰乘飞机到以库克船长命名的库克群岛（Cook Islands）。库克群岛位于南太平洋法属波利尼西亚与斐济之间，包括15个岛屿。首都阿瓦鲁阿所在地拉罗汤加岛是人口最多的岛屿。

我到达时是中午，尽管炎热，我还是乘坐酒店的环岛巴士绕岛一周，花费约1小时，一边是美丽的海滨，一边是高山，景色迷人。出租车司机是位风趣的老头，一路唱歌，他对我说他的祖先来自中国。

傍晚，我到高地天堂文化中心，看库克群岛的文化展示，包括民居、石砌炉灶、原始宗教祭祀仪式等。晚间开始的民间歌舞非常有特色，演员阵容也很大，给游客带来很好的视觉享受。

1773年，英国航海家詹姆斯·库克船长在探索南极大陆的远航中到达这一群岛，库克群岛因此得名。库克群岛在1888年成为英国保护地，1901年成为新西兰属地，1965年成为内部完全自治的主权国家，但防务和外交由新西兰协助。

在库克群岛的两天，我去了海滩、闹市区，参观了总督府和司法部等。库克群岛以旅游为主要经济来源，人工养殖的黑珍珠也很有名。居民主要是波利尼西亚人，他们纯朴，生活看来轻松自由、远离尘嚣。

我在库克群岛没有看到任何关于库克船长的纪念地和纪念碑。库克群岛有自己的货币，价值等同于新西兰元，市场上也流通新西兰货币。库克群岛的1元硬币为三角形，这在世界上绝无仅有，硬币上的头像是英国伊丽莎白女王，而不是库克船长。

库克肖像

库克群岛的甜美少女

库克船长小屋及库克雕像

9　大洋何处不库克

　　在所有世界著名的航海家中，库克享有最尊贵的地位，全世界纪念库克的地名、纪念碑、纪念地最多，远远超过其他航海家，这多少有点让人不解。因为库克是18世纪的航海家，比起哥伦布、麦哲伦等前辈，他已经是非常后期的"后起之秀"了。

　　库克最有名的纪念地是库克船长小屋（Cook's Cottage），位于澳大利亚墨尔本东郊惠灵顿大道的菲兹洛伊花园（Fitzroy Gardens）内。这是库克出生和幼年成长的小屋，原建于1755年，但那时的小屋位于英国的约克夏郡。之所以在墨尔本出现，是1934年纪念澳大利亚维多利亚州建州100周年时，澳大利亚富商拉塞尔·格林威德爵士（Sir Russell Grimwade）在一场拍卖会上出资800英镑买下后，再把重达150吨的建筑部件仔细编号拆分，分别装入253个箱子运至墨尔本，然后依原样重建的。

　　我去墨尔本看库克船长小屋的时候是夏天，这座红砖红瓦的小屋上爬满青藤。小屋楼上是库克父母的卧室，楼下有厨房和会客厅，还有一间是库克幼年居住的小卧室。小屋附有一个小博物馆，陈列库克船长从幼童时期到三次环游世界的照片。小屋大门石梁上刻着库克的父亲詹姆斯（James）和母亲格雷斯（Grace）姓名的首字母"J"和"G"。小屋门口有一尊库克船长的紫铜雕像，库克身着紧身航海装，头戴三角军帽，左手持航海地图，右手持单筒望远镜，目光深邃坚毅地注视前方。旁边还有一个耀眼的红色邮筒，这是真正的邮筒，在这里可以向世界各地寄出盖有纪念邮戳的明信片。

库克出生于英格兰约克郡马顿（Marton），仅接受过初级教育，不到20岁即开始在英国商船服役。1755年，他加入皇家海军。服役7年间参与过多次战争，并参与地图绘制，正因如此，他绘制地图的才能获得海军部和皇家学会的青睐。

1766年，库克被任命为"奋进号"（HMS Endeavour）船长，随即开始他长达12年的环球探险。

库克主要进行了三次环球航行。

库克的第一次远征始于1768年8月25日，库克以"奋进号"为旗舰，率领船队从英国普利茅斯港起航，横渡大西洋，经过巴西，再向南绕过南美最南端合恩角（Cape Horn）进入太平洋，于1769年4月到达南太平洋的塔希提岛（Tahiti）后，又接着向西航行，发现新西兰。在探索新西兰南岛和北岛后，库克船队继续向西航行，发现澳大利亚，接着再向北航行，经过现在的印尼爪哇岛到达印度洋后，启程从非洲南端的好望角返回欧洲，于1771年6月12日返抵英格兰唐斯（The Downs）。1771年7月11日，"奋进号"返回英国港口迪尔。库克这一次远征成就非凡，正是因为库克宣布澳大利亚和新西兰归属英国，英国才开始有资格自称日不落帝国。

澳大利亚悉尼

9　大洋何处不库克

库克的第二次远征始于1772年，他以"决心号"（HMS Resolution）为旗舰，"探险号"（HMS Adventure）为副指挥舰率领船队向南太平洋航行。这次他反方向由西向东航行，这是人类探险史上第一次由西向东环绕地球航行。库克船队南下绕过非洲的好望角，穿过南极圈，到达新西兰。库克船队仔细探索南太平洋中由澳大利亚、新西兰、夏威夷三点连成

澳大利亚原住民狩猎

三角区的岛屿，发现了太平洋中的许多岛屿，包括复活节岛（Easter Island）、汤加（Tonga）、新赫布里底群岛（New Hebrides）、新喀里多尼亚（New Caledonia）和诺福克岛（Norfolk Island）。库克的这次航行用了3年时间，经过南美，横渡大西洋。两艘舰船中，"探险号"最终在1774年7月14日返抵英格兰。而"决心号"在1775年3月21日抵达开普敦桌湾后在当地停留五周以维修船只，然后途经圣海伦娜岛和费尔南多·迪诺罗尼亚群岛，最终在1775年7月30日返抵英格兰普利茅斯，比"探险号"足足迟了一年才返回英国。

　　库克的第三次远征是1776年7月12日从英格兰起航的，旗舰仍是"决心号"，副指挥舰为"发现号"（HMS Discovery）。他仍然由西向东航行，计划探索北太平洋并寻找绕过北美洲到大西洋的航道。库克船队绕过非洲好望角，途经上次航行发现的澳大利亚、新西兰后继续向北航行，到达塔希提后再向北航行，发现了今天夏威夷群岛中的

新西兰纪念库克登陆的绘画

白种人强迫原住民签署条约的绘画

129

夏威夷草裙舞　　库克登陆和去世的夏威夷海滩

考艾岛（Kauai，亦名库伊岛）、瓦胡岛（Oahu）和尼豪岛（Niihau）等岛屿。1778年2月，库克船队向东航行抵达北美洲的俄勒冈海岸，后继续向北冰洋行进。船队到了白令海峡，但始终无法穿越北冰洋。库克率领船队向南返回夏威夷群岛，并于1779年2月14日在夏威夷去世。

库克的夏威夷之旅充满迷雾，目前得到的比较令人信服的资料是：库克一行于1779年1月17日在夏威夷考艾岛登陆，当地原住民正在庆祝玛卡希基节（Makahiki），祭祀波利尼西亚神明龙诺（Lono），当地人看到"决心号"舰船的桅杆、帆与传说相符，认为库克是龙诺神下凡，将他作为神明崇拜和招待。库克船队在1779年2月4日起航离开考艾岛，向北寻找西北航线。然而出发后不久，库克舰船"决心号"前桅损毁，库克被迫带领船队在2月11日返回考艾岛修理"决心号"。但库克的回归粉碎了原住民关于神明的传说，使他们对库克的崇拜变成受骗后的愤怒。岛民拒绝补给食物，禁止他们砍伐木材，甚至抢走他们的小艇和物品。库克计划抓住部族首领以镇压岛民，但事态超出他的控制，在与岛民的战斗中，库克被乱石投掷然后刺死，年仅50岁。在继任的"发现号"舰长查尔斯·克拉克平息事态后，库克遗骸被海葬。

在英国以及与英国历史相关的国家中，库克享有崇高的地位。在新西兰、澳大利亚、英国和美国，纪念库克船长的事物数不胜数。在地名方面，除了库克群岛和库克海峡，北美洲的阿拉斯加还有库克湾，库克峰甚至有两座，一座在新西兰，另一座在美国阿拉斯加与加拿大育空地区交界的地方。澳大利亚昆士兰州有库克大学，在堪培拉的格

9. 大洋何处不库克

夏威夷库克纪念碑

夏威夷原住民抗击入侵者的绘画

里芬有一座巨大的库克船长人工喷泉。库克的纪念碑在英国和美国均有不少，英国白金汉郡瓦什府的库克纪念碑历史悠久，以后英国又在库克出生地建立了纪念碑和库克船长诞生地博物馆；美国夏威夷考艾岛有一座库克船长铜像，纪念库克船长首次登陆发现夏威夷，在夏威夷南部还有一座库克纪念碑则是纪念库克在彼处遇害。1928年，为纪念库克发现夏威夷150周年，美国政府发行了一版以库克头像为图案的硬币。更为有名的是，美国国家航空航天局在太阳神15号登月任务中，对指令服务舱使用的呼号"奋进"，以及后来的航天飞机"发现号"和"奋进号"，都来源于库克探险船的船名。月球上的一处撞击坑也被命名为库克撞击坑。

库克的航海事迹得到高度评价主要有以下原因。

库克三次远航中，在太平洋地区数千千米的航程中深入不少地球上未为西方所知的地带，他是首批登陆大洋洲东岸和夏威夷群岛的欧洲人，也是首次环绕新西兰航行的探险家。库克以亲自航行证实了澳大利亚大陆与新几内亚并不相连，他为不少新发现的岛屿的命名至今仍被沿用。

库克在1772—1775年的第二次远航中，率领两艘帆船"决心号"和"探险号"从南非出发，于1773年首次南下跨越南极圈，驶至离南极大陆仅130千米处（南纬71.17度），终因冰山阻挠折返，这是人类历史上第一次产生航行到地球最南端的纪录，库克被认为是第一个进行南极探险的人。但库克武断地认为没有人能到达更南之处，亦令南极探险沉寂了很长时间。

库克用更科学的技术航海，他采用测经仪，为新西兰与夏威夷之间的太平洋岛屿绘制大量精确度极高的地图。库克在探索旅途中绘制的岛屿和海岸线地图，都是在世界地图集和航海图集内首次出现的。

库克一直重视航海中的科学记录和考察，1771年7月11日，结束第一次远航的"奋进号"返回英国港口迪尔时记录了数千种植物、昆虫和动物，以及遇到的几个新的原住民种族，还记录了在塔希提参与的金星凌日科学观察活动。他的三次远征中，随行画家约翰·维伯（John Webber）以及威廉·霍奇（William Hodges）留下了不少珍贵的航海绘图记录。在1772—1775年的第二次远航中，库克在船队里安排了天文学家威廉·贝利（William Bayly）、威廉·威尔士（William Wales）等，进行了科学考察和记录。

多年来，在航海中对船员最大的健康和生命威胁是坏血病，库克被认为是通过改善船员的饮食，包括增加水果和蔬菜等，为预防坏血病作出杰出贡献的人物。

库克不幸去世后，他的遗孀得到英国皇室的厚待，库克的成就不仅为当时的英国王室所重视，也为西方多国所肯定。对他成就的最高赞誉是19世纪波兰裔英国小说家约瑟夫·康拉德所作出的，他比较了世界上所有的航海家，认为库克以前的航海家主要是以"掠夺"（acquisitive）为动机的探险家，而库克是主要以"科学"（scientific）为动机的航海家，两者有本质上的区别。

库克去世百年之后，在2002年英国广播公司举办的英国"百位伟人"选举中，库克船长名列第十二位。

 **旅途思考**

大航海与坏血病

大航海时代，在长达数月甚至经年的远航中，对船员生命造成最大威胁的不是风暴，而是疾病。船员们往往在海上生病死亡，这种疾病的典型症状是牙龈出血，甚至血流不止，最终牙龈及齿槽坏死而致牙齿松动、脱落；其他伴随症状还有虚弱、乏力、厌食、呕吐、关节肌肉疼痛等，具体因人而异。这不是传染病，但往往造成多个船员相继死亡，因此被称为"水手的恐惧"，这就是后来人们熟知的坏血病。

在达·伽马的航海中就有船员患上了可怕的坏血病，哥伦布航海中也有大部分船员被坏血病夺去生命。麦哲伦船队更惨，2/3的船员因为患坏血病而死亡。但当时大家并不知道这种可怕疾病的病因，船员们只能祈祷"航海恶魔"放过他们。

首先找到坏血病病因的是英国人詹姆斯·林德（James Lind，1716—1794）。林德在爱丁堡医学院学习时注意到坏血病严重影响英国航海事业。在对近千例坏血病病历的观察中，他发现这种病多在远征、探险等饮食长期缺乏新鲜水果和蔬菜的情况下发生，由此提出此病系饮食单一所致，可以通过改善饮食治愈。1747年，林德在远航船上做了试验，12名患严重坏血病的船员吃完全相同的食物，但其中两人每天吃两个柑橘和一个柠檬，另两人喝苹果汁，6天之后吃柑橘等水果的病人显著好转，这是人类历史上的首次医学临床试验。1748年，林德以优异的成绩获得爱丁堡大学医学博士学位后，回到海军任军医，但他通过柠檬与柑橘治疗坏血病的结果长期没有受到航海家的重视。

直到18世纪，英国航海家库克才终结了坏血病对航海的威胁。库克相信坏血病是由缺乏新鲜食物引起的这一理论。库克的船队除了携带面包、小麦、咸肉、食糖、食用油、酒以外，特地准备了大量柠檬和柑橘制成的糖浆，以及麦芽、泡菜等。据说库克甚至以皮鞭来强迫船员食用这些食品，为预防坏血病作出杰出贡献。一般认为，航海坏血病在航行40天后就会发生，网上有人问东方航海为何没有坏血病发生？主要原因是航程较短，有机会补充新鲜食物。

今天我们知道，坏血病是缺乏维生素C导致的，人体许多重要的生理功能都需要维生素C参与，例如组织修补，叶酸代谢，铁、碳水化合物的利用，脂肪、蛋白质的合成，免疫功能维持，保持血管结构完整等。但不像大多数哺乳动物都能依靠自身肝脏合成维生素C，灵长类动物，包括人类不能合成维生素C，只能通过食物、药物等摄取，新鲜水果、蔬菜就是维生素C的主要来源。

不要以为不航海就不会患坏血病，时至今日，中国西藏等高原地区每年仍有坏血病病例发生，仍是因为新鲜水果、蔬菜摄入缺乏又没有补充维生素C药物。

所以，如果你不爱吃新鲜蔬菜和酸味水果，可得小心！

10
在德雷克海峡认识德雷克

追寻航海家远行航程的旅行

我是从火地岛乘坐"乌斯怀亚号"邮船去往南极的。晚餐后,邮船经过著名的毕哥水道(Beagle Channel)和麦金莱航道(Mackinlay Pass),进入德雷克海峡(Drake Passage)。

海峡看起来很宽,暮色中看到海面有许多海豹,它们围绕游船仰泳,仿佛笑容可掬。尽管邮船上的工作人员提醒大家提前服用晕船药,但我显然轻敌了,我还躺在船上看着关于德雷克海峡的书入睡,午夜一过,轮船开始左摇右摆,幅度越来越大。我终于开始一次次呕吐,直到吐出胆汁,无法站立或坐下,发誓一旦上岸今生再不乘船。书上介绍的使数不清船只葬身海底的"魔鬼海峡",就以这种方式给我留下了深刻记忆。

德雷克海峡位于南美洲南端与南极南设得兰群岛之间,长 300 千米,宽度为 890～970 千米,是大西洋和太平洋的交界处,最深处为 5 248 米。想象一下这个深度有多深?有人计算,如果把两座华山和一座衡山叠放到海峡中去,连山头都露不出海面。

从海盗华丽转身成为爵士的德雷克

位于德雷克海峡的地球最南端的灯塔

德雷克海峡处于南半球高纬度地带，受极地旋风的影响，海峡内似乎聚集了太平洋和大西洋的所有飓风狂浪，一年365天，风力都在8级以上，海面巨浪滔天，有时浪高可达10～20米。即便是万吨巨轮，在波涛汹涌的海面，也会像一片树叶一样被风浪轻易掀翻。这一海峡，历史上曾让无数船只倾覆海底，因此得名"暴风走廊""魔鬼海峡""死亡走廊"。而乘坐邮船经过德克雷海峡更是到达南极途中的一大考验。

不过，德雷克确实是一位值得大书特书的人物。

德雷克（Francis Drake，1540—1596）出身于英国德文郡一个贫穷的农家，他从小就在海船上当学徒谋生。若干年后，他成为一艘小海船上的船长。后来德雷克加入他表兄约翰·霍金斯的队伍从事奴隶买卖，他们到非洲抓捕黑种人，再高价卖到美洲。1568年，23岁的德雷克跟随约翰·霍金斯带领5艘贩奴船前往墨西哥，由于受到风暴袭击，船只受到严重损坏，在得到当地西班牙总督的同意下，他们进港修理。但在几天后，总督突然下令攻击，要处死全部英国船员，德雷克和霍金斯侥幸逃生。德雷克对西班牙屠杀无辜商人的行径满腔仇恨，他发誓有生之年一定向西班牙复仇。

当时，欧洲一些海洋大国由于利益竞争和殖民野心，都在招募海盗并使之合法化。德雷克成为英国女王招募的第一人，英国女王伊丽莎白批准其在海上攻击和抢劫西班牙货船的特许证，德雷克成了"皇家海盗"。

1572年，德雷克带领2艘海盗船和70多名海盗远航加勒比海，目标是西班牙殖民者掠夺金银财宝的集散地迪奥斯港。这是德雷克第一次见到浩瀚的太平洋，遗憾的是德雷克到达迪奥斯港时，储存的金银珠宝刚刚被运走。于是，德雷克决定原地等候。在蹲守了近1个月后，德雷克率领海盗抢劫了运送黄金的骡队，伏击消灭了西班牙的50多名护卫人员，共抢到10万金币和15吨银锭。德雷克成功地返回英国，成为打破西班牙人不可侵犯传言的英雄。

1577年12月，德雷克再次从英国出发，率领旗舰"金鹿号"和另外两艘武装海盗船、2艘补给船、160多人的船队远航，于1578年经过巴西，沿着当年麦哲伦的航线航行。此时，占领了南美洲的西班牙已经把太平洋视为"自家后院"，毫无防备。德雷克一路肆无忌惮地打劫西班牙商船，他的旗舰"金鹿号"成为海上金库。西班牙海军对德雷克恨之入骨，立即组织搜捕，东躲西藏的德雷克在向南逃跑的过程中，来到了西班牙人也未曾到过的一条海峡，它在南美洲最南端和南极洲的交汇处。德雷克的这一发现为英国找到一条不需要经过麦

风暴来临前的德雷克海峡

哲伦海峡就能进入太平洋的新航道,英国将这一海峡命名为德雷克海峡。但有人质疑这一命名,因为在此之前,早在1525年,西班牙籍航海家荷赛西(Francisco de Hoces)已发现这条航道,并亲自驶船经过这个海峡,把海峡命名为马尔德·荷赛西海峡(Marde Hoces),但当时西班牙政府出于战略考虑没有对外公布这一发现。

德雷克发现这条海峡时,注意到海峡波涛汹涌、狂风怒号,是一条危险的航道。所以他还是选择相对平静的麦哲伦海峡航行。德雷克一直向西横渡了太平洋。沿着麦哲伦的航海路线,经过菲律宾群岛,穿过马六甲海峡,横渡印度洋,绕过好望角并在此横越大西洋。1579年7月23日,德雷克到达了马里亚纳群岛,8月22日穿过北回归线,9月26日回到了阔别已久的普利茅斯港,再次成为民众的英雄,这次航行是继麦哲伦之后的第二次环球航行,众所周知,麦哲伦在菲律宾与原住民的冲突中丧生,所以德雷克是第一个自始至终指挥环球航行的船长。

回到英国的德雷克将所获财宝的40%和一粒最璀璨的宝石献给英国女王,这粒宝石至今还镶嵌在英国女王的王冠上。英国女王亲自登上"金鹿号"旗舰授予德雷克骑士爵位。德雷克从海盗华丽转身为英

10 在德雷克海峡认识德雷克

作者穿越德雷克海峡

国贵族。

德雷克的辉煌尚未结束。1587年，英国女王伊丽莎白处死了亲西班牙的苏格兰女王玛丽。西班牙对英宣战，积怨已久的英西两国终于拔剑相向。当时，西班牙拥有一支由100多艘战舰和3 000余门大炮以及数以万计士兵组成的强大海上舰队，横行于地中海和大西洋，号称无敌舰队。而英国海军还非常弱小，仅有34艘战舰，根本无力与西葡联盟作战。英国女王在危急时刻启用德雷克，将皇家海军的4艘军舰交给他，让他的海盗船队与英国皇家海军组成联合舰队。

德雷克在西班牙的加的斯港外击沉了36艘西班牙补给舰，又冲进加的斯港击沉了33艘西班牙船只，接着突袭了里斯本附近的军港，西班牙损失难以估量。德雷克的这一系列成功，打乱了西班牙的战争部署，推迟了西班牙无敌舰队的出击计划，为英国争取到了宝贵的一年准备时间。

1588年7月22日，英国和西班牙海军在英吉利海峡进行决战，担任副统帅的德雷克建议采用火攻。英国趁夜里起风时放出纵火船，德雷克率领舰队突袭西班牙船队，西班牙无敌舰队一片混乱。没被烧着的船只也相互碰撞，有的自己沉没。在英西海战中，西班牙无敌舰队损失了近百艘战舰，2万多士兵葬身海底，英国舰队却一艘船都没有损失。随着无敌舰队的全军覆没，英国代替西班牙成为新的海上霸主。

英西海战后，德雷克被封为英格兰勋爵，达到人生巅峰。但他因1589年科伦纳·里斯本远征严重失利而逐渐失宠，被英国皇室疏远。1596年1月28日，德雷克在远征美洲横渡大西洋的过程中罹患热带传染病而在海上去世，年仅55岁。

旅途思考

航海中的风向、洋流和风暴

直到今天，天气仍是航海的决定性因素，更遑论古代航海了。古代的航海工具主要是木制帆船，需要借助风力扬帆远航。顺风使风帆鼓足是理想状况，可以调节的多风帆大船也可借助侧风，逆风而行则是需要避免的。所以航海家需要具有丰富的气象知识，选择合适的风向起航。郑和远航集结船队后在福建长乐港"祈风"停泊多日，就是等待合适的风向。

不像风向变化那么频繁，洋流（Ocean Current）是指海水沿着一定方向有规律的、具有相对稳定速度的水平流动，是从一个海区水平或垂直地向另一个海区大规模的非周期性运动，是海水的主要运动形式。也就是说，相对于某一海域，洋流是比较规律的。风力是洋流的主要动力，地球偏转力、海陆分布和海底起伏等对洋流也有不同程度的影响。

世界最大的洋流是环南极洲洋流，我在乘坐邮轮从火地岛"乌斯怀亚号"到南极半岛的旅行中，注意到往返德雷克海峡的航道不一样，船长给我解释这是为了适应洋流。现代航海家海尔达尔在率领"康提基号"木筏航行时，也一度被强劲的"洪堡洋流"阻隔，最终靠海军军舰才被拖出洋流。

风平浪静时，海面平静如镜，但大海发怒时，阴风怒号，浊浪排空，猛烈的风暴常常摧毁船只。19世纪以来，国际上通用蒲氏风级，将风力分为12个等级，其中0～6级分别被称为无风、微风、和风、劲风、强劲风等，大于7级则被称为热带低气压、热带风暴、强热带风暴、台风或飓风。一般情况下陆地上的风力很少能达到 12 级，而海上风力最大时远远超过 12 级。在近海航行中，船只会根据预测，回港避开大的风暴。但远离海岸时，就得依靠船长和水手的经验和技术与风暴搏斗以避免船毁人亡的悲剧了。

在大航海历史中，由风暴引发的悲剧很多。1500 年 5 月，葡萄牙著名航海家迪亚士的船队在航经好望角附近时遇到大西洋飓风，剧烈的风暴将 4 艘舰船全部掀翻，船上人员，包括迪亚士在内全部遇难。

11

寻找郑和的国内足迹

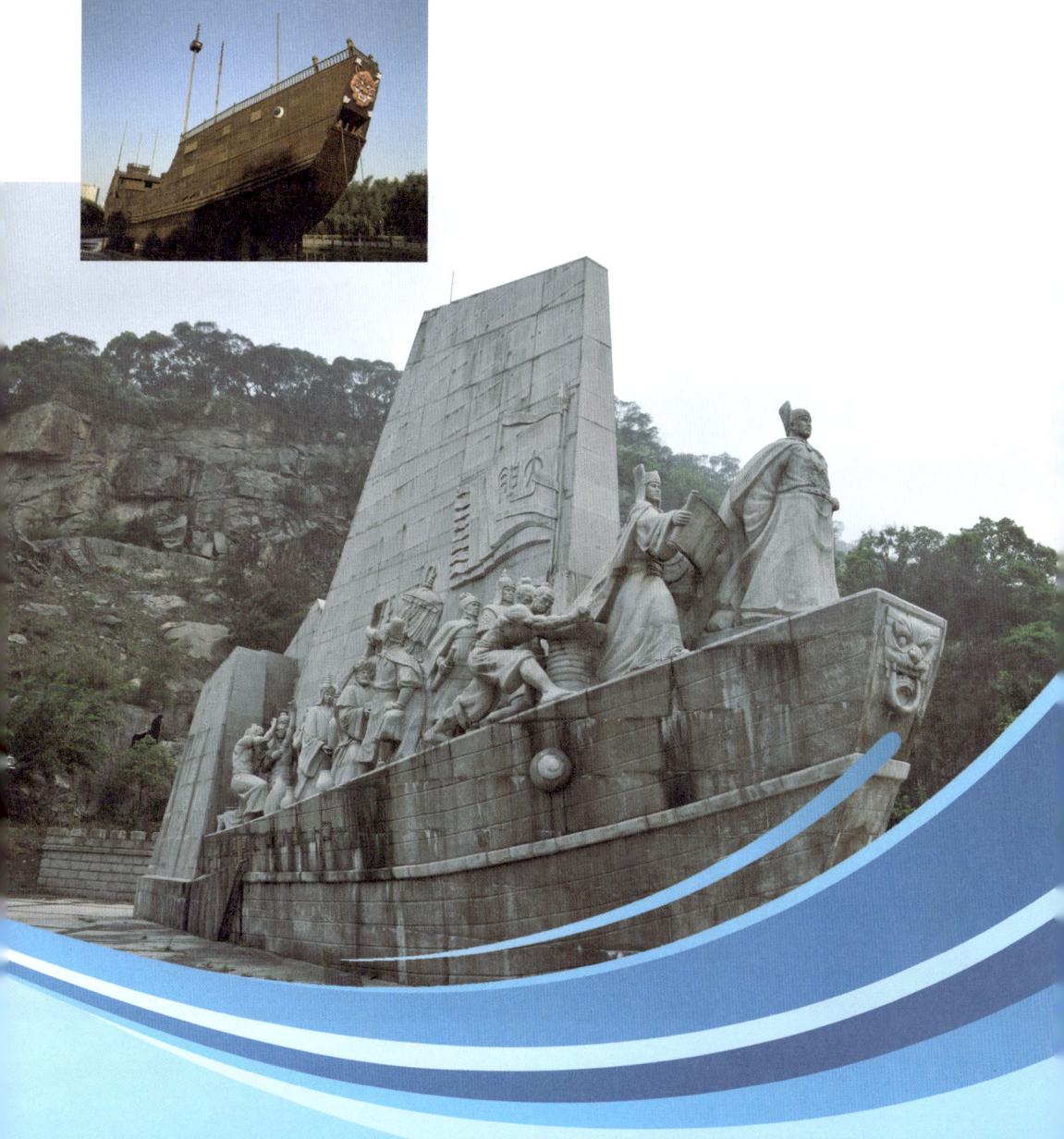

中国航海家郑和第一次下西洋是在 1405 年 7 月，比葡萄牙、西班牙开创的大航海时代早了很多年。但在这本书里，我没有把郑和放在最前面进行叙述，而是在叙述完欧洲的大航海历史之后再来对比郑和的远洋航海，其中有我们对郑和航海历史上唯一毫无功利目的远征的赞赏和自豪，也有对郑和远航迷雾的不解，以及对这段历史被渐渐淡忘的思考。

作为郑和的故乡人，我对郑和有一种特殊的感情，在我有条件进行旅行的时候，我花了很多年去寻访有关郑和的足迹，包括查阅大量的资料，也包括从昆明到国内各地以及东南亚、南亚和非洲探索郑和可能留下的足迹。

郑和故里离我的出生地昆明不过几十千米，所以从小学历史时，我们都以自己是郑和故乡人而骄傲，也常到郑和故里玩。位于滇池畔的郑和公园虽然在 20 世纪 80 年代就已建立，但偏僻荒芜，几乎没有游人。近十多年当地政府以郑和纪念馆为名义对其进行了重建，但纪念馆文物不多，门窗常常关闭。因此，除了附近锻炼的老人，很少有对郑和感兴趣的人来这里缅怀。我每次到此，都有种环境的荒凉和情感的悲凉。

郑和公园在昆阳月山上，距昆明 60 千米。附近可以看到浩瀚的滇池和延续几百年的田园风光。公园原名月山公园，因昆阳是郑和故里，其父马哈只墓又在月山上，故于 1979 年改为郑和公园。

大门之内立有"郑和故里"牌坊，参天树丛中掩映着郑和纪念馆，内部陈列有郑和下西洋的碑文拓片、石刻以及航海用具等文物，但多为复制品。

昆明郑和公园以及郑和航海带回来的香料

马哈只墓园的石棺前，竖着一块红沙石碑，碑高1.66米、宽0.94米，下有砂石龟座。碑阳的正文以楷书阴刻，共284字，为明永乐三年（1405年）端阳所立，由资善大夫礼部尚书兼左春坊大学士李志刚撰文，原文如下。

《故马公墓志铭》

公字哈只，姓马氏，世为云南昆阳州人。祖拜颜，妣马氏。父哈只，母温氏。公生而魁岸奇伟，风裁凛凛可畏，不肯枉己附人。人有过，辄面斥无隐。性尤好善，遇贫困及鳏寡无依者，恒保护赒给，未尝有倦容。

以故，乡党靡不称公为长者。娶温氏，有妇德。子男二人，长文铭，次和；女四人。和自幼有材志，事今天子，赐姓郑，为内官监太监。公勤明敏，谦恭谨密，不避劳勋，缙绅咸称誉焉。呜呼！观其子而公之积累于平日，与义方之训可见矣。

公生于甲申年十二月初九日，卒于洪武壬戌七月初三日，享年三十九岁。长子文铭，奉柩安厝于宝山乡和代村之原，礼也。铭曰：

身处乎边陲而服礼义之习，分安乎民庶而存惠泽之施，宜其余庆深长而有子光显于当时也。

旹，永乐三年端阳日，资善大夫礼部尚书兼左春坊大学士李至刚撰。

碑阴则刻有明永乐九年（1411年）郑和回乡扫墓题记44字。这块碑是云南历史上独一无二的状元袁嘉谷先生1911年到云南昆阳县探访郑和事迹发现的。

墓碑上刻有"故马公墓志铭"六字，碑文上刻写着郑和的家世。这是郑和第一次下西洋前夕立下的墓碑。碑文共有14行，它是在永乐三年（1405年）由大学士李至刚撰写。碑文记述了马哈只的先人家世、生卒年月、生平情况、家庭子女，还介绍了郑和的情况。从碑文记载及《元史》《郑氏家谱首序》等史籍资料，人们可对郑和的家世有所了解。

与墓园相隔的是郑和碑林，存碑刻60余块，既有明永乐皇帝和宣德皇帝的长诗、《明史》作者张廷玉的《郑和传》，又有孙中山、梁启超等人的题词，但多为近十多年来郑和公园重建时重新摹刻的。

公园最高处开阔的平地上，有一座仿当年郑和宝船船形所建的三宝楼。广场直立着郑和石像，高8米，是我在国内外所见雕刻得最好的郑和雕像，不仅英武潇洒，而且眉弓鼻梁都显示了郑和的民族特征。

据说，郑和1371年出生在云南昆阳州（今昆明市晋宁区）宝山乡和代村一个回族家庭里。其六世祖赛典赤·赡思丁·乌马尔是元初杰出的政治家,死后被封为咸阳王。其子孙因长期与汉族共处,改从汉俗,定为马姓。1381年,明太祖朱元璋发动了统一云南的战争,马和的父亲在战乱中死去,11岁的马和被明军俘获,被阉割,在军中做秀童。14岁那年,马和来到北平的燕王府。燕王朱棣见马和聪明、伶俐,便把马和留在身边,成为燕王的亲信,为了提高身边服务亲随的文化水平,朱棣挑选学识丰富的官员到府中授课,并让他们随意阅读府中藏书。天资聪颖、勤奋好学的马和很快便成了学识渊博的人,出色地完成了燕王委派他的各项使命,得到朱棣的器重,尤其是在帮助朱棣登基称帝的过程中,马和立下大功。明成祖朱棣登基后在南京赐马和郑姓,以纪念战功,史称郑和。郑和从永乐元年起参加航海活动,访问了暹罗等国家,掌握了航海与造船知识并培养了外交才能,这就是郑和会被委以航海统帅重任的原因。

除了昆明的郑和故里之外,中国还有另外三座郑和纪念馆,均各有特色。

南京郑和公园是中国最早的郑和纪念馆,地址在南京市内当年郑和府的后花园原址,内有郑和铜像、三宝楼、郑和纪念亭等。不远处

南京复原的郑和宝船

的牛首山南麓，有呈回字形的郑和墓，墓前有 4 组 7 层共 28 级台阶，寓意郑和 7 次下西洋、历时 28 年。学术界多认为郑和墓仅仅是一个衣冠冢，因为郑和是在第七次下西洋时在途中去世的，当时遗体是否带回没有记载。

南京与郑和相关的最重要的历史遗迹是宝船博物馆，当年郑和航海的宝船就是在南京建造的。对南京郑和宝船厂的考古过程中，曾发掘出一根长约 15 米的舵，和明史所述宝船大小相符。2005 年，宝船博物馆建造了一艘与郑和宝船 1∶1 大小的没有动力的仿古宝船。宝船长 148 米、宽 60 米，是目前国内最大的郑和宝船模型。宝船全部由木头造成，有些木头长 6 米、重 400 多斤，要 5 个人才能抬起。这些木头从全国各地征集而来，有的还是从马来西亚进口的，是古代造船的专用木料。仿古船分为七层，分别为主甲板下负一、负二层和艏楼 2 层、艉楼 2 层。想象穿着白色官袍的三宝太监站立船头乘风破浪，是何等的威风！

南京郑和宝船厂遗址

在江苏太仓和福建长乐建立的郑和纪念馆则着重记录郑和的航海历史。

郑和的第一次航海是 1405 年 7 月 11 日从江苏太仓刘家港出发的，这一天现在已经被认定为中国航海日。太仓郑和公园就选址在刘家港，公园里除了高 18 米的郑和铜像，最引人注目的是郑和二号宝船模型，宝船长 71.1 米、宽 14.5 米，船尾部有 3 层，高约 18 米，桅杆高 38 米，被称为"二千料郑和

江苏太仓刘家港是郑和的起航地之一

外国朋友参观江苏太仓郑和纪念馆

宝船"。讲解员说，船的大小比例等是专家从科学角度考察确定的，而宝船模型桅杆的高度（38米）寓意郑和曾经去过的38个国家和地区，但这显然不符合宝船模型尺寸是科学考察后确定的说法：出海前宝船的尺寸就确定了，郑和怎么知道要去多少个国家？而且，郑和航海到底去过多少个国家一直存在争议。

位于福建长乐的郑和史迹纪念馆可能是国内最热闹的郑和纪念馆。在长乐南山兰茗峰下，一座红墙灰瓦的双层宫殿式建筑掩映在绿茵中，显然是一座佛寺。原来，郑和第三次下西洋时曾经在长乐停泊等待顺风起锚。永乐十年（1412年），郑和第三次下西洋回国后，为感谢海神天妃保佑，奏请朝廷批准，于翌年在三峰寺塔东侧动工建造天妃行宫，"以为官军祈报之所"。明宣德六年（1431年）冬，郑和第七次下西洋前在长乐祈风等候时，又镌立了天妃灵应之记碑。以后几百年，天妃行宫一直香火旺盛，神明佑护着航行于海上的人民。

1984年11月，经国务院批准，长乐市政府在原天妃行宫、三峰塔寺和三清宝殿的遗址上动工修葺，改建成郑和史迹陈列馆。于1985年7月完成并对外开放，同时保留着原天妃行宫的功能。整个纪念馆占地3 378平方米，除了郑和像和较小的郑和宝船模型外，还展出郑和铸造的三清宝殿铜钟复制品（原件在中国国家博物馆）以及一些文物。

福建长乐郑和宝船石雕　　天妃灵应之记碑

长乐郑和史迹纪念馆中最重要的文物是天妃灵应之记碑。它是现存唯一由郑和亲笔撰写的石碑，所以俗称郑和碑。碑为青石质，高162厘米、宽78厘米、厚16厘米，碑座高29厘米。碑额镌篆文《天妃灵应之记》，历述郑和前六次远航下西洋的宗旨、经过和意义，陈述第七次下西洋的任务，以及在长乐修建天妃行宫和刻碑、铸钟的情况，是研究郑和下西洋以及外交历史的珍贵史料。

记载郑和下西洋航路的第一手资料，首先是郑和自己撰写的《天妃灵应之记》。部分碑文如下。

自永乐三年奉使西洋，迨今七次，所历番国，由占城国、爪哇国、三佛齐国、暹罗国，直逾南天竺、锡兰山国、古里国、柯枝国，抵于西域忽鲁谟斯国、阿丹国、木骨都束国，大小凡三十余国，涉沧溟十万余里。

但这"三十余国"没有完全列举。

其他的主要资料，有马欢所著的《瀛涯胜览》、费信所著的《星槎胜览》、巩珍所著的《西洋番国志》以及《武备志》中收录的《郑和航海图》。

比较三本跟随郑和下西洋的随员记录，马欢三次参加郑和远洋航行的身份是翻译（通事），其参加的是郑和第四次、第六次和第七次下西洋，访问过20个国家和地区。费信两次参加郑和远洋航行，身份是翻译（通事）兼文职官员，其参加郑和下西洋是第三次和第七次。巩珍仅参加过一次郑和下西洋，是第七次，身份是文职官员。巩珍不懂外语，所以他得到的资料有些是由马欢翻译的。

费信的《星槎胜览》分为前后集两部分，前集为其亲历的22个国家和地区，与马欢所著的《瀛涯胜览》中的一些小的国家名存在差异，但按照今天其所属国家和地区，两书记载基本没有区别。费信的《星槎胜览》后集为采辑旧说传闻而成，因此采信度不高。巩珍的《西洋番国志》文笔更好，属于文人游记，但没有更特殊的史料。

综合看，马欢所著的《瀛涯胜览》内容比较翔实。2005年，在纪念郑和航海600周年之际，国内举行的许多研讨会和出版的不少相关学术研究著作中，形成的共识是《瀛涯胜览》是关于郑和航海所到地区的最可信的记录。

12
寻找郑和的海外足迹

我在规划到海外寻找郑和远航足迹时，便以马欢的《瀛涯胜览》为主要依据，参考费信的《星槎胜览》、巩珍的《西洋番国志》。

马欢，会稽（今浙江绍兴）人，回族，通晓阿拉伯语，因此被招募为通事，跟随郑和三次下西洋。

《瀛涯胜览》以简练的文字记录了跟随郑和远航访问过的20个国家和地区。虽然描述每个国家仅仅用了几百字，但包括时间、大致过程、航行位置、地理环境、气候及物产，以及当地王室及民众的外貌衣着、性格特征、宗教信仰等，并记录了郑和船队在不同国家的货物交易，及王室与大明朝廷的来往情况，所涉内容非常丰富。《瀛涯胜览》在景泰二年（1451年）才正式定稿流传，此时距郑和第七次下西洋结束的宣德八年（1433年）已经过去了18年。

我们应当了解郑和七次下西洋中西洋的概念。西洋就是马欢《瀛涯胜览》中记载的"那没黎洋"，也就是今天的印度洋。《瀛涯胜览》中记载南浡里国（现印度尼西亚苏答腊南部）西北海中有一大平顶山，名帽山，作为东、西洋分界的标志，帽山以西的海洋称为西洋，帽山以东的海洋称为东洋。郑和航海主要访问的是印度洋沿岸几十个国家和地区。

让我们梳理一下《瀛涯胜览》所记载的郑和所到的西洋各国：占城（今越南南部）、爪哇（今印度尼西亚爪哇）、旧港（今印度尼西亚苏门答腊岛巨港）、暹罗（今泰国）、满剌加（今马来西亚马六甲）、哑鲁（今印度尼西亚苏门答腊岛东岸巴鲁蒙河口）、苏门答剌（今印度尼西亚苏门答腊岛北部）、那孤儿（今印度尼西亚苏门答腊岛内）、黎代（今印度尼西亚苏门答腊岛内）、南浡里（今印度尼西亚苏门答腊岛西北部）、锡兰（今斯里兰卡）、小葛兰（今印度奎隆）、柯枝（今印度科钦）、古里（今印度卡利卡特）、溜山（今马尔代夫）、祖法儿（今阿曼佐法尔）、阿丹（今也门亚丁）、榜葛剌（今孟加拉国）、忽鲁谟斯（今伊朗霍尔木兹）、天方（今沙特阿拉伯麦加）。

按照今天的世界国家政区划分，涉及的国家包括：越南、印度尼西亚、泰国、马来西亚、斯里兰卡、印度、马尔代夫、阿曼、也门、孟加拉国、伊朗、沙特阿拉伯。此外，还有一些其他史料有记载郑和到过，但被马欢和费信忽略的国家，如文莱、缅甸。

这样，我开始了在海外寻找郑和航行足迹的旅行。

一、越南

永乐三年六月十五（1405年7月11日），朱棣命正使郑和、副使王景弘率士兵二万八千余人出使西洋，造长44丈、广18丈大船63艘，从苏州刘家河泛海到福建，再由福建五虎门扬帆，先到占城，后向爪哇方向航行。

21世纪初，美国《国家地理》杂志评选出"人一生要去的50个地方"。在50个地方的名单中，甚至包括了外太空这样遥不可及的候选地。受其影响，类似的评选风靡一时，入选地点见仁见智，但"从岘港到顺化"常常赫然在列。

从昆明到岘港十分方便，每周都有几批由旅行社组织的团队去岘港，签证、机票等旅游全包价仅仅3 000多元。岘港是越南中部港口城市，郑和出海异域登陆的第一站归仁就在这附近。岘港水天一色，天气清朗，海滩洁白，是越南最佳的海滨避暑胜地之一。

作为古占婆的遗址，岘港有一个闻名于世的占族（The Cham）博物馆，博物馆于1915年在法国的资助下建成，已有百年历史。这是世界上占族石雕艺术藏品最齐全的博物馆，占族宗教主要是婆罗门教传承的印度教，石雕受印度教和佛教艺术风格影响，以神祇、人物、兽类和雕类为主要题材。

占族是中南半岛的古老民族，主要分布在越南中南部以及柬埔寨、泰国等国家。占族有悠久的历史，曾在越南中南部建立过占婆王国，是东南亚地区著名的古代文明之一。占婆国的领土范围最大时与柬埔寨（古名扶南、真腊、高棉）接壤，在柬埔寨吴哥的浮雕中，有很多反映与占婆打仗的内容。

占婆在历史上与中国交往甚密，其优良水稻品种"占城稻"曾被引进中国。宋代即有文献记载阿拉伯等国商船经过占婆国到达广州与中国开展贸易。宋元时期，占婆国商人曾遍布中国东南沿海地区。

越南会安街道

郑和曾到达的越南会安是古代的重要港口

顺化是古代占婆王国故地，离岘港约120千米。17世纪后，顺化成为越南阮朝的京城，这一历史一直持续到1945年法国占领越南。1993年，联合国教科文组织将顺化历史建筑群列为世界文化遗产。现在这里看到的是草木葳蕤中的皇陵和微缩版中国故宫般的皇城。

郑和远航时，占城是必经之地之一。马欢的《瀛涯胜览》中记载占城人："其买卖交易，使用七成淡金或银。中国青瓷盘碗等器，纻丝、绫绸、烧珠等物甚爱，则将淡金换易。常将犀角、象牙、伽蓝香等进献朝廷。"

这里有两个古城，归仁和会安（HOI AN）。归仁也是一个海港，较小。而距岘港30千米的会安，值得流连整天。会安是占婆国的对外贸易港口，古称大占海口，与马六甲齐名为东南亚最重要的商埠，也是越南最早的华埠。几百年来，华人在此繁衍生息，形成了一个独特的华人社区，并将丰富多彩的中国传统文化根植于此。走在会安街上，仿佛到了清末民初的广东。中国式的古建筑、华人庙宇、华人会馆、华人店铺比比皆是，处处见到的都是中国面孔，看到的都是中国匾额、对联和招牌。1999年，会安被联合国教科文组织列为世界文化遗产。

我走进一家卖木雕工艺品的古色古香的中国店铺。一位美髯老者给我奉上盖碗茶，和我聊起他家几辈人移居这里的经历。如今，这里的华人已形成自己的生活圈，有自己的华文学校，一般在华人中通婚，保持着汉语、汉文、汉服和中国的饮食习惯。我问老者和周围的华人是否知道郑和，他们说知道，但不知道郑和船队登陆的具体事件。老者肯定地告诉我，他到过越南各地，在越南没有见过任何有关郑和航海的庙宇或纪念碑记。

二、印度尼西亚

印度尼西亚号称"千岛之国"，其实应该叫"万岛之国"，因为它由17 504座岛屿组成，是全世界最大的群岛国家。马欢《瀛涯胜览》中提到的许多国家其实都是现在印度尼西亚的小岛国。印度尼西亚面积最大的几个岛是加里曼丹岛、苏门答腊岛、新几内亚岛、苏拉威西岛和爪哇岛。

苏门答腊岛处于海上丝绸之路要道，东北侧是马六甲海峡。岛上的苏门答腊国很早就与中国有往来关系，历史文献中的古国，包括马欢提到的室利佛逝、苏门答剌、八昔、亚齐、那孤儿、黎代等，都在苏门答腊岛。

苏门答腊港口是郑和远航的必经大港口，但更多的时候，郑和会在船队通过苏门答腊后，将马六甲作为中心，坐镇指挥船队的商贸活动。在第四次远航时，曾发生过一次战事（郑和七次远航中共发生过三次战事），是应苏门答剌国王请求，擒获伪王苏干剌，平定苏门答剌内乱。对此，马欢在《瀛涯胜览》写道：

苏门答剌，即古须文达那国是也，其处乃西洋之总路。

永乐十三年，正使太监郑和等统领大䑸宝船到彼，发兵擒获苏干剌，赴国明正其罪。其王子苟苟圣恩，常贡方物于朝廷。

苏门答腊是多火山、多地震的地区，2004年12月印度洋大地震引发10米高海啸就发生在苏门答腊西部的沿海地区。近几年，如2010年10月、2012年4月、2019年3月和2020年8月，苏门答腊都曾发生强烈地震，令人望而生畏。

苏门答腊东南面，隔着巽他海峡，就是名声显赫的爪哇岛。

最早听说爪哇国是小时读《红楼梦》时，知道其借指遥远无处寻的地方。后来才知道爪哇岛其实是一个著名世界文化遗产所在地。印度尼西亚首都雅加达在爪哇岛西北，著名文化遗迹地日惹在爪哇岛南部，爪哇岛东边是著名旅游胜地巴厘岛。但爪哇岛如此狭长，以致我从雅加达到日惹、从日惹到巴厘岛，都要乘坐印度尼西亚的国内小飞机。

《瀛涯胜览》对爪哇国记载颇详，且表明郑和航海前当地已经有华人居住。《瀛涯胜览》写道：

天气长热如夏。田稻一年二熟，米粒细白。芝麻、黄豆皆有，大小二麦绝无。土产苏木、金刚子、白檀香、肉豆蔻、荜拨、班猫、镔铁、龟筒、玳瑁。奇禽有鹦鹉，如母鸡大；红莺哥、五色莺哥、鹩哥，皆能效人言语；珍珠鸡、倒挂鸟、五色花斑鸠、孔雀、槟榔雀、珍珠雀、绿斑鸠之类。异兽有白鹿、猿猴等。畜其猪、羊、牛、马、鸡、鸭皆有，但无驴与鹅耳。

果有芭蕉子、椰子、甘蔗、石榴、莲房、莽吉柿、西瓜、郎极（即椰色果）之类。其莽吉柿如石榴样，皮肉如橘囊样，白皮肉四块，味甜酸，甚可食（本书作者注：莽吉柿即今日山竹，郎极即椰色果）。

国有三等人，一等回回人，皆是西番各为商流落此地，衣食诸事皆清致。一等唐人，皆广东、漳、泉等处人窜居此地，食用亦美洁，多有从回回教门受戒持斋者。一等土人，形貌甚丑异，头赤脚，崇信鬼教。佛书言鬼国其中，即此地也。

国人最喜中国青花瓷器，并麝香、花绢、贮丝、烧珠之类，则用铜钱买易。国王常差头目船只将方物贡献中国。

我到雅加达时,城市正发生动乱,所以我停留时间不长,十分小心。

雅加达热带风光十分浓郁,绿树掩映下的红色瓦屋顶显得颜色鲜明,作为现代化都市,雅加达的高速公路很宽敞,而市内现代化建筑比比皆是。值得一看的是中心广场的独立纪念碑(Monas),碑高137米,用大理石筑成,顶部有一座35千克纯金制成的火炬,在阳光下熠熠生辉,象征着印度尼西亚的独立精神。纪念碑上的浮雕展现了印度尼西亚人民反抗荷兰殖民统治的英勇事迹。独立广场还有喷泉和水池。独立广场东北侧有一座醒目的白色圆顶建筑,是印度尼西亚最大的清真寺伊斯蒂赫尔大清真寺,占地面积93.5公顷,建成于1979年。印度尼西亚重大的伊斯兰教活动和仪式都在这里举行,印度尼西亚总统及政要经常到这里做礼拜。

到达日惹的时间是将近16:00,刚下过雨,空气湿润,但气温仍有26摄氏度。从飞机上看,日惹犹如一个个小花园,十分幽静。日惹机场比预想中更小、更偏僻,也更朴实。我们在此预订了第二天的旅游。找旅馆时,我们未注意计算,只说想要便宜一点,结果被送到一个每天花费只合人民币几十元的旅馆,住店人全是当地贫民。我们的房间在二楼,外面是临街开放的走廊。我随遇而安,惊叹卫生间虽然简陋却可冲凉,房间虽无电视却有空调。我们在此点了晚餐,煎鸡蛋2个、鸡肉蔬菜汤、米饭,再加水果盘一个(菠萝和哈密瓜),总共才9 700印尼盾,人民币不到10元,真便宜得惊人。晚上,考虑一个人外出不安全且担心迷路,我请旅馆的一个人陪我出去逛了一阵。

第二天清晨,旅行社来接我外出,是一辆日本越野车,司机是一个懂一些英语的年轻人,20岁左右,穿一双破口的皮鞋,看起来很朴实。

我和司机先驱车到婆罗浮屠寺(Candi Borobudur),路程约42千米,这里是世界最大的佛教遗迹,建于750—850年,是当时统治爪哇岛的夏连特拉王朝建造的。婆罗浮屠寺与中国的长城、印度的泰姬陵、柬埔寨的吴哥窟并称为古代东方四大奇迹。15世纪爪哇人宗教信仰转变为伊斯兰教以后,婆罗浮屠寺曾被遗弃数百年,倒塌在火山灰和丛林灌木中。

1973年,联合国教科文组织与印度尼西亚政府对婆罗浮屠寺实施了修复。现在,世界各地的佛教徒会在每年佛陀诞生、悟道和圆寂的日子里来这里朝拜。

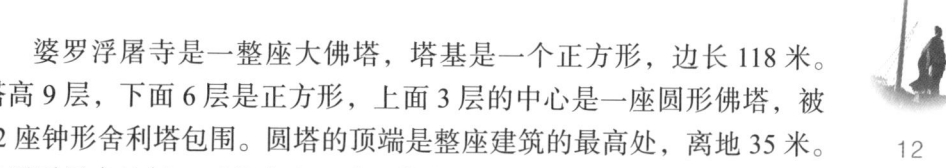

婆罗浮屠寺是一整座大佛塔，塔基是一个正方形，边长118米。塔高9层，下面6层是正方形，上面3层的中心是一座圆形佛塔，被72座钟形舍利塔包围。圆塔的顶端是整座建筑的最高处，离地35米。婆罗浮屠寺的每一面都有入口进入塔内，总共有32只石狮子看守着四个入口，每个入口都有台阶通向塔顶。塔身的佛像外侧围着一圈圈面积逐层缩小、佛像数目逐层递减。塔顶的佛陀像被安放在多孔的舍利塔内，最底层有32座塔，第二层中层缩小为24座，第三层最高为16座，三层总共72座。在塔的第二层，有两尊巨大的佛陀坐像，妙相庄严。这样，大大小小，塔身和塔顶的佛像共计504尊，但其中300多尊已经丢失或残缺不全。

在婆罗浮屠寺的立面和回廊有1 400多块表现佛教故事的浮雕，人物体态丰满优美，猴子等动物生动逼真，还有关于传播谣言、搬弄是非者下地狱之类表现因果报应的故事。

距市区约17千米，还有另一处世界遗产普兰巴南寺（Candi Prambanan），这是印度尼西亚最大的印度教遗址。普兰巴南寺建于8—10世纪，与柬埔寨吴哥窟属于同一时代，在建筑形式和雕塑题材上也有许多相似之处。当初的建筑有许多已成为废墟，目前修复和保存最完整的是内层祭祀湿婆神、梵天和毗湿奴的三座塔。神庙以黑色火山岩建造，刻满精美的浮雕，内容多取材于印度史诗《罗摩衍那》。在夕阳下，普兰巴南寺十分美丽。

旅行社派来的司机人很好，亦健谈，我请他吃午饭，消费非常便宜，仅仅合人民币十多元钱，但他十分感激，告诉我从来没有游客会请他吃饭。司机说他每天接送游客到景点，却从来没在这里照过一张相。于是我给他照了几张相，并留下他的地址，回国后寄给了他。

相隔不远便有两座这样规模宏大的宗教艺术瑰宝，这在全世界都很罕见。人类学家认为宗教在爪哇从未导致过严重冲突。信奉印度教的国王会庇护佛塔的建造，佛教徒国王也会反过来庇护印度教神庙。同时，朝代更替，甚至国教改变，并不影响宗教和文化的延续。这大概就是宗教的最高境界。

我的探访郑和之旅在爪哇岛上收获颇丰。爪哇岛以郑和名字命名的地方为三宝垄，来源于"三宝太监"，"三宝"有时也写成"三保"。三宝垄是中爪哇省首府和最大城市，有很多华人居住。相传郑和下西洋时曾在这里登陆，城市由此得名。这里有两处关于郑和的著名建筑，一个是传说中的郑和登陆地点三宝洞，一个是后来兴建的大觉寺，当地也叫三宝庙。大觉寺的院子里放置着一个巨大的铁锚，据说是郑和船队的遗物。庙里有一口井，老人说井里的水通往中国大陆郑和的故乡。庙中正殿供奉着"三保大人"塑像，郑和身穿金色锦袍端坐其中享受香火，这一塑像与其他地方的郑和塑像风格迥然不同。郑和的身边还有两尊塑像，导游说一位是多年跟随郑和下西洋的马欢（《瀛涯胜览》的作者），另一位是下西洋时的副使王景弘。相传当年郑和船队航行至此时，王景弘病重，于是脱离郑和船队疗养。导游说王景弘病好后，与当地女子通婚，在此繁衍后代。此说未见于文献，仅为民间传说。每年农历六月最后一天，是三保大人出巡日，来自印度尼西亚、马来西亚、菲律宾等地的华人会来到这里，抬着三保大人的神像游行，祈求福祉。

我从日惹到巴厘岛参加了一个国际会议。日惹在爪哇岛南部，巴厘岛位于爪哇岛东部，乘飞机1小时，但已经产生了1个小时的时差。巴厘岛说是岛，但面积达5 620平方千米。巴厘岛是举世闻名的旅游岛，除了海岛共有的热带植被茂密、海水蔚蓝、沙滩柔软等特点外，巴厘岛文化独特，印度尼西亚约87%的人口信奉伊斯兰教，是世界上穆斯林人口最多的国家。但巴厘岛是印度尼西亚唯一信奉印度教的地区，岛上有4/5的居民信奉印度教，有自己特有的语言巴厘语。我们看了一场当地的舞蹈，有鸟舞、蜂舞，还有表现欢迎、爱情、惊恐的舞蹈。当地朋友向我们介绍了这些舞蹈的内涵。

三宝垄供奉的郑和塑像

巴厘岛因为风光旖旎而享有多种别称，有些如"花之岛""罗曼斯岛""绮丽之岛"和"天堂之岛"很容易理解，但为什么有人称之为"魔幻之岛""恶魔之岛"呢？据说是因为岛上有一座高达12米的活火山。

巴厘岛的木雕非常有名气，一位艺术家把一座木雕带到我住宿的酒店前台，这是以珍贵的木材精细雕刻的一尊舞蹈女神像。艺术家开价30美元，我刚想还价，见旁边一位美国客人露出"觊觎之色"，于是赶快付款买定。现在它一直是我收藏柜里最精美的雕刻。

三、泰国

泰国是中国人旅游的热门国家，曼谷、芭提雅、清迈都是很热门的城市。其实应当去看看距离曼谷车程仅仅1个多小时的大城（泰国人称大城府），这是一个被遗弃的古都，非常有历史感，是值得流连的世界文化遗产。

素可泰时代衰落后，乌通王1350年脱离素可泰王国独立，建立新都大城府，大城Ayuttaya，音译为阿瑜陀耶，意为坚不可摧的城市。郑和下西洋时，六次到暹罗，当时正值暹罗的大城时代。大城时代历经417年、33位君主，直至1767年被缅甸灭亡，是泰国历史上最长的一个王朝。

我到泰国时，我的同学、著名微雕艺术家罗毅东和泰国云南会馆副会长欧阳先生陪我们去大城。

大城范围很大，除了王宫外，还有上百座寺院。建筑风格类似柬埔寨吴哥。1767年缅甸军队攻陷大城后，所有王宫、佛寺、城门、民宅全部被焚毁破坏，大城王室成员和臣民非死即逃，留下几百年无人理会的一片废墟。

我们一路走过，昔日王宫已了无痕迹，红砖为主的建筑，苍凉的城郭、佛塔，留下不知是战火还是风雨洗礼的黑色斑驳痕迹。这里最多见的是佛塔，在几十千米范围内，数以百计的高大佛像端坐台上，尽管许多佛头已经被毁坏。

我们去的那天看到仍有信徒为佛像供香，在佛像身上披上红绸。得益于佛教在泰国的延绵传承，老百姓保持着敬畏，这些遗迹地也未被占为他用。大城旁有一条河流，默默记述着历史。有一个"树缠佛头"的景点，数百年间长出的菩提树根将一尊白石佛头紧紧缠绕，成为一个整体。

曼谷的湄南河西岸有一座庙宇，名为郑王庙，有人说是纪念郑和的，显然错了。这里纪念的也是一位华裔，是泰国的英雄郑信，亦名郑昭。郑信祖籍广东澄海县，出生于暹罗，13岁时进宫廷当侍卫，因有才略，成人后被任命为达府太守，又被提升为柏却武里总督。1767年大城王朝被缅甸灭亡，郑昭率兵带领暹罗人民收复失地，将缅甸强敌逐出国土，复兴暹罗。1767年12月，郑信被拥戴为暹罗国王，迁都吞武里，即现在的郑王庙所在地。郑信在位15年，励精图治，并保持了与大清康熙王朝的友好关系。

　　中国元代国势强盛，东南亚邻国纷纷朝贡称臣，这一传统延续至明代时。大城国王被中国明朝封为暹罗国王。暹罗强盛时，与相邻小国多有纠纷，这些同是大明王朝的称臣国向大明皇帝"投诉"，大明皇帝也不时主持调解。由此可见大明王朝当时的地位，也可以加深我们对郑和大航海启动原因的理解。

　　暹罗国位于占城国到满剌加的海程之间，为郑和航海的必经之地。马欢、费信、巩珍都描述了暹罗，马欢的《瀛涯胜览》写道：

　　王者之扮，用白布缠头，上不穿衣，下围丝嵌手巾，迤以锦绮压腰。出入骑象或乘轿。一人执金柄伞，茭草叶做，甚好。王崇信释教。国人为僧为尼姑者甚多。僧尼服色与中国颇同。亦住庵观，持斋受戒。

　　巩珍的《西洋番国志》写道：

　　一应巨细事皆决于妻。其妇人才识亦果胜于男子。若其妻与中国男子情好，则喜曰：吾妻有美，能悦中国人……去国西北二十余里有市镇名上水，可通云南后门。

　　这里叙述了泰国的佛教，国王以象舆为坐骑，并提到当时早已有华人在暹罗经商。至于"通云南后门"，应当就是今天的澜沧江—湄公河通道。暹罗经由水路与中国和南亚各国贸易频繁，因此经济繁荣。

四、马来西亚和马六甲海峡

　　马六甲是马来西亚的一个州，位于马来半岛南部，毗邻马六甲海峡。从吉隆坡到马六甲开车约2小时。

　　11:00到马六甲后，我就去拜谒以郑和得名的郑和庙（也称三宝公庙），它是1795年当地华人集资建成的，据说建庙的砖瓦都是从中国运过去的。

　　郑和庙的院子中有一座石雕郑和像，高不足1米，形象潇洒亲切。当地华人认为郑和具有佑平安、主财运、顺诸事、保健康的神力，祭拜时总要抚摸一下郑和像。后院有一口井，称作三宝井，据说是郑和挖掘的。庙后面的三宝山是郑和曾经的驻扎处，后来成为当地华人的坟山。1984年，当地政府因寺庙欠税，要收回三宝山，华人发起捐款缴齐税款，保住了三宝山，记录这一事件的报纸至今展示在郑和庙里。

　　2008年7月，马六甲被列入世界遗产名录，其主要景点为圣保罗山教堂、马六甲古城门、荷兰广场和荷兰红屋、宣布独立广场、鸡场街文化街、青云亭。马六甲的荷兰红屋及广场墙壁都是红色，导游说，

12 寻找郑和的海外足迹

马六甲纪念郑和航海 610 年

三宝井

  这里原来是白色的，但当地人讨厌占领者荷兰人，遂将口中嚼剩的槟榔汁吐在墙上，形成红色污迹，荷兰人干脆全部涂成红色，形成现在的景观。

  马六甲是华人最早到达马来西亚的地区，华人与马来女子结婚，形成政府承认的一种种族峇峇娘惹（BaBa Nyonya）。严格意义上的峇峇娘惹家庭中，华人称为峇峇，当地女子称为娘惹。我们中午吃了一顿峇峇娘惹食品，有巴达巴达（鱼肉制品）、臭皮虾、娘惹豆腐、酱油鸡、烩杂菜等，还有椰汁红豆刨冰。

  我参观了一个由七代华人住宅改建成的华人博物馆。马六甲有很多装饰鲜艳华丽、放着音乐的人力三轮车，它们是游客观光的交通工具，也是一道特殊的风景。

吉隆坡双子塔

马六甲要塞

峇峇娘惹家庭的传统像

作者在马六甲海峡

  马六甲海峡有一个清真寺，有牌子上写着"世界最繁忙的海峡"。马六甲海峡位于马来半岛与印度尼西亚的苏门答腊岛之间，通航历史已经 2 000 多年，历史上曾经是海盗猖獗的海峡。目前海峡由新加坡、马来西亚和印度尼西亚三国共同管辖，三国于 1971 年 11 月签订了关于马六甲海峡的公约，反对海峡"国际化"。

  马六甲海峡全长 1 080 千米，西北部最宽处达 370 千米，世界大港新加坡在马六甲海峡东端，海峡中新加坡段最窄处只有 37 千米。马

六甲海峡是沟通太平洋与印度洋的国际重要水道，有海上十字路口之称。海峡处于赤道无风带，多数时间风平浪静，每年约有10万艘船只通过，日本、中国、韩国从中东购买的石油绝大部分都是通过这里运来的。

马六甲曾经作为马六甲王国存在，在中国文献中，马六甲写作满剌加。马欢的《瀛涯胜览》写道：

满剌加

此地属暹罗所辖，岁输金四十两，否则差人征伐。

永乐七年己丑，上命正使太监郑和统赍诏敕，赐头目双台银印、冠带袍服，建碑封城，遂名满剌加国。是后暹罗国莫敢侵扰。其头目蒙恩为王，携子挈妻赴京朝谢，贡进方物。朝廷又赐与船回国守土。

这里说的是，郑和船队航海停泊满剌加期间，成功说服满剌加国国王向明朝进贡，成为明朝藩属国，从而摆脱暹罗国的侵扰。郑和下西洋有五次在此停靠，第七次下西洋的时候在马六甲停留达1个月。许多历史学家认为，在郑和的许多次航海中，郑和常常把马六甲作为主要的镇守中心，他本人在此指挥，而让他的分船队在附近国度进行相关的商贸活动。

在返回吉隆坡的途中，我问导游，Kuala Lumpur怎么就译为"吉隆坡"了呢？华人导游魏先生告诉我，吉隆坡很早就有华人居住，按照音译，Kuala Lumpur如同"挂了隆坡"。当地福建、广东华人觉得"挂了"不吉利，于是取名"吉隆坡"。

五、斯里兰卡

郑和远航船队曾六次到过锡兰山国。实际上"锡兰"这个名字一直沿用到1972年5月，锡兰国名改称为斯里兰卡共和国。更早一点，《大唐西域记》将斯里兰卡称为僧伽罗国，学者认为是梵文Simhala的音译。

费信《星槎胜览》对锡兰山国的描述更为详细生动：

其国地广人稠，货物各聚，亚于爪哇。国有高山，参天之丛山，山顶产有青美盘石、黄鸦鹘石、青红宝石，每遇大雨，冲流山下沙中寻拾得者。其海傍有珠帘沙，常此网取螺蚌，倾入珠池内，作烂淘珠为用而货也。海边有一盘石，上印足迹，长三尺许，常有水不干，称为先世释迦佛从翠蓝屿来登此岸，足蹋其迹，至今为圣迹也。山下有一寺，称为释迦佛涅磐真身在寺侧卧尚存，亦有舍利子在其寝处。

气候常热。俗朴富饶,米谷足收。地产宝石、珍珠、龙涎、乳香,货用金银铜钱、青花白磁、色段色绢之属。男女缠头,穿长衫,围单布。

永乐七年,皇上命正使太监郑和等赍捧诏敕,金银供器、彩妆、织金宝幡,布施于寺,及建石碑,以崇皇图之治,赏赐国王头目。其王亚烈苦奈儿负固不恭,谋害舟师。我正使太监郑和等深机密策,暗设兵器,三令五申,使众衔枚疾走,夜半之际,信炮一声,奋勇杀入,生擒其王。至永乐九年,归献阙下。寻蒙恩宥,俾复归国,四夷悉钦。

这段话描述了三个主要内容:一,锡兰山国是佛教的主要圣地,有佛祖足迹、卧佛寺和舍利子。二,这里物产丰富,尤其两次提到宝石。三,郑和第二次远航时,船队在这里遇到国王亚烈苦奈儿的拦截阴谋,郑和生擒前来偷袭的锡兰山国国王,押送给大明皇帝处置,大明皇帝最后宽恕了亚烈苦奈儿,让其返回锡兰山国。这是郑和下西洋发生的三次战事中的第二次。

我在斯里兰卡的兴趣所在首先是佛教遗迹。我先飞到斯里兰卡首都科伦坡,次日乘出租车到佛教圣地阿努拉德普勒(Anuradhapura),

斯里兰卡海港和博物馆保存的郑和布施碑

路上约 5 小时车程。阿努拉德普勒是斯里兰卡最古老的城市,拥有 2 500 年历史,从前 380 年起成为斯里兰卡的千年古都。整个阿努拉德普勒面积很大、环境优美,不同景点间要乘坐汽车往返。这里各处有很多猴子,很多是黑叶猴,也有一些猕猴。

瞻仰遗迹从杰塔瓦纳拉马塔开始,这座最先兴建于 3 世纪的佛塔当时高 120 米,是世界上最大的佛塔。现在顶部已缺损了一截,但仍有 70 米。整个建筑呈砖红色,令人震撼,佛塔内有佛祖涅槃像。附近有兰卡玛佛塔,白色佛塔有许多石头廊柱围绕。最大的鲁温维利佛塔,当地称大佛塔,有许多信徒前来朝圣。白色围墙上的黑色群像浮雕在佛教旗帜下十分显眼,这里还有佛教遗迹铜宫。

圣菩提树是斯里兰卡仅次于佛牙的国宝,拥有 2 600 多年历史。相传它是 2 000 多年前,印度阿育王的女儿僧伽蜜多来斯里兰卡弘扬时,从印度带来当初佛祖悟道成佛的那棵菩提树的枝干种植成活的。后来印度本地佛祖悟道的那棵菩提树枯死了,又从斯里兰卡将枝条移栽回印度菩提伽耶。

佛陀释迦牟尼出生于今天的尼泊尔兰毗尼,在印度菩提伽耶悟道

斯里兰卡的佛教仪式

斯里兰卡小学生

创建佛教,在鹿野苑开始讲学传播佛教,在拘尸那涅槃。公元前250年,佛教传入斯里兰卡,后成为斯里兰卡国教。佛教在印度式微后,斯里兰卡成为南传佛教的主要发源地。前29年,在斯里兰卡举行的500罗汉第四次大结集被认为是拯救佛教的重要事件。

阿努拉德普勒是佛教刚刚传入时创建的古都。离阿努拉德普勒12千米处的密兴多列(Mihimtale)是斯里兰卡佛教传入的一个重要据点,被称为佛教的摇篮,有新修的佛塔和白色佛像。密兴多列范围很大,有许多洞穴和遗迹。斯里兰卡各佛教景点在游客离得很远时就要求其脱鞋脱帽。游客赤脚行走十分困难,尤其在攀登一块花岗岩巨石时,幸亏有一位赚小费的年轻人一路搀扶。

我们的下一站是塞格瑞亚(Sigiriya),这是一个历史上的王家行宫。整个王城建筑在一座200米高的花岗岩之上。护城河、防御土墙和大规模的花园宫殿环绕着岩石底座,地下水系统至今保存完好。

沿着石阶缓缓上山,一路可看到一些古代遗迹。半山上,可看到著名的塞格瑞亚壁画,半裸仕女如同在浮云之上,这里允许不开闪光

斯里兰卡塞格瑞亚的佛教壁画

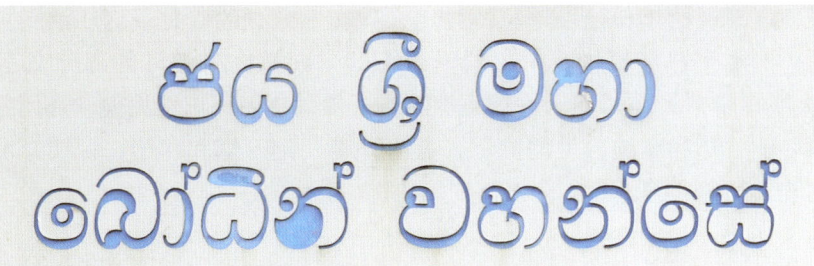

奇特的斯里兰卡文字

灯进行拍摄，我几乎拍了所有可见的壁画。参观壁画出来，是有名的镜墙，石壁上刻满诗句，斯里兰卡文学家据此整理出645首诗歌，这就是著名的塞格瑞亚诗篇。

岩石平台底部有狮子岩，仅存两个巨大的石雕狮爪，每个狮爪均有数米高，是为狮爪平台，可以想象当年的狮头如何震撼。新修建的单行金属楼梯使攀登到山顶容易些，当年的王宫如今只有一块石头存留。在面积不大的山顶上，可以环顾远眺。

康提是斯里兰卡荷兰人入侵前最后一个独立王国的所在地，也是斯里兰卡宗教中心、佛教圣地，以佛牙寺闻名，寺内供奉着佛牙舍利。在1998年被联合国教科文组织列入世界遗产名录。

斯里兰卡的文字很像图画，边缘呈弧形。我拍了一幅加油站的标语，问司机，得知意思是"谢谢，下次再来"。但看文字，完全是一群小动物，如小老鼠、小猪、小狗，它们甚至有尾巴。

斯里兰卡人常面带微笑，尤其年轻女孩略带羞怯的微笑很迷人。人们见面合掌问好，说"阿育布王"（意为"祝你长寿"）。斯里兰卡的宝石质优价廉，是旅游者的最爱。

前文提到，郑和第二次下西洋时生擒来偷袭的锡兰山国国王，将其押送回中国。锡兰山国国王得到大明皇帝赦免后，从此与中国交好，互通贸易，锡兰山国国王也遣使朝贡。对此，马欢在《瀛涯胜览》中写道：

（锡兰山国）甚喜中国麝香、纻丝、色绢、青瓷盘碗、铜钱、樟脑，则将宝石、珍珠换易。王常差人赍珍珠、宝石等物，随同回洋宝船进贡朝廷。

永乐七年（1409年），郑和来到了锡兰山国，对锡兰山佛寺布施丰厚的香礼，立下布施锡兰山佛寺碑，这块碑以中文、泰米尔文、波斯文三种文字刻立，记述了郑和船队在锡兰山国时的活动。但石碑被丢弃，直到1911年被一位英国工程师在南部城市加勒的下水道中发现。石碑现藏于科伦坡国家博物馆,碑文上雕刻的双龙戏珠还清晰可见,但文字已经模糊难辨。这里录下的是向达先生考订的部分文字:"大明皇帝遣太监郑和、王贵通等昭告于佛世尊……永惟大德,礼用报施……"郑和布施碑上的碑记,是海外唯一刻有郑和名字、证明郑和远航来过的石碑。

六、文莱

文莱全名是文莱达鲁萨兰国(Negara Brunei Darussalam),Brunei读作布努奈,不知为何译为文莱?

我们到达的是文莱首都斯里巴加湾市,预定的酒店有免费接送机服务。一个憨厚腼腆、脸上时时挂着微笑、很高很壮的小伙子来接我们。他的名字叫阿明,样子像华人,但不会说中国话。路上,他带我们去看了一个很小但有典型中国红色的中国寺庙。文莱是伊斯兰国家,有两座宏伟的清真寺,在非祷告时间,允许非穆斯林进入参观。

文莱最漂亮的建筑是阿里·赛福鼎清真寺,即白色清真寺。阿里·赛福鼎清真寺建于1958年,整座建筑除了伊斯兰风格的金色拱顶外都为白色。据说清真寺铺地的大理石来自意大利,砌墙的花岗岩来自中国,彩色玻璃和水晶吊灯来自英国,地毯来自中东沙特阿拉伯。

文莱白色清真寺

圆形金顶由330万片金片镶成，宣礼塔为白色尖塔。清真寺被湖水环绕，有一艘仿文莱古舟的石舫停泊在湖水中。夜里，灯光装饰的主建筑流光溢彩，清真寺与石舫倒影美轮美奂。

另一座贾米·哈桑清真寺（Jame' Asr Hassanil Bolkiah Mosque），即蓝色清真寺。贾米·哈桑清真寺1994年7月14日落成启用，是由苏丹个人捐资建造的，作为国王48岁生日送给臣民的礼物，所以也称为国王清真寺。贾米·哈桑清真寺是文莱最大的清真寺，共有29个金色圆顶，正门通往大厅以及大厅通往祈祷室的楼梯也是29层阶梯，象征现任国王为第29个苏丹。清真寺共有7扇大门、15座喷泉，象征着国王的生日是7月15日。祈祷厅内指示着麦加方向的壁龛上装饰着黑色大理石和镀金瓷砖。大厅内有一盏大型水晶吊灯，由奥地利工匠纯手工打造，重达3.5吨，抬头仰望，水晶灯奢华闪耀、华丽无比，让人叹为观止。祈祷厅地上铺着厚厚的带有穆斯林风格图案的地毯。

文莱最值得看的是苏丹王宫，全名努洛尔伊曼王宫（Istana Nurul Iman），是1884年修建的。据说是目前王室使用的全世界最大，也是最现代化的宫殿，与英国白金汉宫、法国凡尔赛宫等并列为世界著名宫殿。皇宫内有257间浴室和1788个房间，耗资超过3.5亿美元，面积是凡尔赛宫的4倍、白金汉宫的3倍。整座皇宫充满伊斯兰色彩，每年8月开斋节后皇宫会开放几天供臣民参观。我到时在大门外可看

文莱儿童

到马来风格的人字形大屋顶和镀金的大圆顶。有卫兵里外两层守护，只能从外景想象里面的幽深。

文莱与郑和航海有着密切的关系。郑和第二次下西洋时，文莱苏丹曾随郑和船队来到中国，后来因病在中国去世。这一历史佳话在现代得到续写：中国自行设计建造的以郑和名字命名的第一艘海军远洋航海训练舰"郑和号"于2012年9月12日到访斯里巴加湾穆阿拉海军基地码头，对文莱进行了为期4天的友好访问。船上悬挂中国和文莱两国国旗，这是"郑和号"执行"和谐使命——郑和舰环球行"任务的一站。

七、印度

中文古籍里的古里即印度西海岸的科泽科德（Kozhikode），现在是印度喀拉拉邦的卡利卡特。

郑和率领船队七次下西洋，每次都要在古里停泊，这里是郑和船队进一步驶向阿拉伯海前补充淡水和食物的重要基地，也是开展贸易的重要商埠。马欢在《瀛涯胜览》中写道：

西洋大国正此地也。永乐五年，朝廷命正使太监郑和等赍诏敕赐其王诰命银印，给赐升赏各头目品级冠带。统领大艅宝船到彼，起建碑亭，立石云："去中国十万余里，民物咸若，熙暤同风，刻石于兹，永示万世。"

……

其二头目受朝廷升赏，若宝船到彼，全凭二人为主买卖。王差头目并哲地、米纳几即书算手、官牙人等，会领艅大人议择某日打价。至日，先将带去锦绮等货，逐一议价已定，随写合同价数各收。其头目、哲地即与内官大人众手相掌，其牙人则言某年月日交易，于众中手拍一掌，已定，或贵或贱，再不悔改。然后哲地富户将宝石、珍珠、珊瑚等货来看议价，非一日能定，快则一月，缓则二、三月。若价钱较议已定，如买一主珍珠等，该价若干，是原经手头目、米纳几计算，前还绽丝等物若干，照原打手之货交还，毫厘无改。彼之算法无算盘，但以两手并两脚十指计算，分毫无差。

这里记述了永乐五年（1407年），郑和第二次下西洋到达古里后，授予古里国王大明皇帝册封敕书和诰命银印，并在古里建立石碑亭的故事。还有关于贸易商业合同的签订和守约规定，甚至当地商人手脚并用算账的生动描写。

印度孟买港　印度孟买港口的泰姬玛哈大酒店

遗憾的是，郑和建立的石碑亭如今已不复存在。

关于郑和的生平，有一种说法是郑和第七次下西洋航海途中，在宣德八年（1433年）4月去世于古里。但马欢、费信和巩珍的书和《明实录》里都没有相关记载。

郑和航海60多年后，葡萄牙航海家达·伽马于1498年5月带领船队在卡利卡特登陆。同年8月，达·伽马离开印度，于1499年9月9日回到里斯本，成为开辟欧洲直达印度海路航线的英雄。1502年和

印度德里红堡

1524年，达·伽马又两次到达印度。1524年，达·伽马被任命为印度总督，同年在总督任上去世于印度科钦，年仅53岁。

科钦距离卡利卡特仅100多千米，是一个更好的深水港。事实上，16世纪以后，卡利卡特的港口地位很快被科钦代替。今天，科钦仍然是印度的一个海港，但郑和时代马欢描述的"西洋大国正此地也"的古里国卡利卡特，已经变成人口仅有科钦1/6的僻静小镇。

郑和时代中国文献中，科钦被写成柯枝。马欢在《瀛涯胜览》中写道：

印度孟买的维多利亚建筑

其国王崇信佛教，尊敬象、牛。建造佛像，以铜铸仙像，用青石砌座，佛座边周围砌成水沟，傍穿一井。每日清晨，则鸣钟击鼓，汲井水于佛顶浇之再三，众皆罗拜而退。另有一等人名浊肌，即道人也，亦有妻子，此辈自出母胎，发不经剃，亦不梳篦，真酥油等物将发搓成条缕，或十余条，披拽脑后，却将牛粪成白灰遍搽其体。上下无衣，止用指大黄藤两转紧缚其腰，又以白布为梢子，手拿大海螺，常吹而行。其妻略以布遮其丑，随夫而行。此等即出家人，倘到人家，则与钱米等物。

巩珍在《西洋番国志》中写道：

国人有五等，一等名南毗，与王同类，中有剃头挂线在颈者奉为贵族。二等回回人。三等名哲地，乃是国中财主。四等名革令，专为牙保。五等名木瓜，最卑贱。木瓜居住俱在海滨，屋檐不得过三尺，着衣上不过脐，下不过膝。路遇南毗、哲地，皆俯伏候过乃起。不许为商贾，只以渔樵及抬负重物为生。

这两段话中，马欢的描述告诉我们当时印度国王信奉佛教，他所描写的佛像礼拜也符合佛教礼仪。但在巩珍的描述中，当时印度社会已经有了五个社会等级，关于印度贱民的描述也十分具体，这实际反映的是印度教的种姓制度。印度教和佛教都源自婆罗门教，但佛教是主张众生平等的。另外，马欢文中的"浊肌"，有学者认为是 Gioghid 的音译，指的是至今依然存在的印度苦行僧人。

郑和之后的欧洲大航海时代，科钦赫赫有名。葡萄牙航海家达·伽马开辟印度航路后 2 年的 1500 年，航海家卡布拉尔率领的第二支葡萄牙船队抵达卡利卡特，与当地发生激烈冲突。卡布拉尔的贸易站遭到攻击，水手被杀。葡萄牙人炮击卡利卡特后，来到当时被卡利卡特压制的科钦，与科钦人结成联盟。1503 年，卡利卡特国王萨摩林率领数万兵士发动了与葡萄牙的死战，战争打了 7 个月，葡萄牙以几百人打退了卡利卡特军队的进攻，这一有名的"科钦战役"成为印度殖民化的重要转折。

如今的科钦尽是葡萄牙人、荷兰人和英国人遗留下来的老建筑，包括现在信徒很多的圣·弗朗西斯（St. Francis）天主教堂，街道上还有一个据说是达·伽马居住过的地方。美国《国家地理》杂志评选出的"人一生要去的 50 个地方"，科钦作为海滨魅力与古朴历史相结合的胜地位列其中。

科钦海边有一个称为"中国渔网"的景点，有一字排开的多个采用杠杆原理放下和定时升起的渔网，据说传自中国，也有人认为与郑和有关，但现在可能作为拍照景点的意义大于捕鱼。而作为海港大国的印度，现在排名第一的港口是科钦更北边的孟买。

我在几次印度旅行中，到过印度西部、南部、东部的多个海港，我也托在印度的朋友打听，在博物馆寻访，但始终未找到包括古里郑和碑记在内的任何关于郑和航海留下的遗迹。我的一位印度朋友用泰戈尔名句"天空不曾留下鸟的痕迹，但我已经飞过"劝慰我不必太纠结于此，可我还是有些遗憾。

八、孟加拉国

孟加拉国在中国的古书中写作榜葛剌国，很早就与中国有贸易、朝贡往来。据季羡林先生统计，从永乐元年（1403 年）到正统 4 年（1439 年），榜葛剌国进贡 15 次，"频繁得令人吃惊"。郑和船队或分船队曾在第六次、第七次下西洋时到访榜葛剌国。

马欢的《瀛涯胜览》这样记载榜葛剌国：

其国地方广阔，物穰民稠，举国皆是回回人。民俗淳善，富家造船常往诸番国经营者多，出入佣技亦多。

四时气候常热如夏。稻谷一年二熟，米粟细长，多有细红米、粟、麦、芝麻、各色豆、黍、姜、芥、葱、蒜、瓜、茄蔬菜皆有。果有芭蕉子。酒有三四等：椰子酒、米酒、树酒、茭葦酒。各有法制，多有烧酒市卖。无茶人家，以槟榔待人。街市一应铺店、混堂，酒饭、甜食等肆都有。驼、马、驴、骡、水牛、黄牛、山羊、绵羊、鹅、鸭、鸡、猪、犬、猫等畜皆有。果则波罗蜜、酸子、石榴、甘蔗、砂糖、白糖、糖霜、果蜜煎之类。

值得注意的是，郑和时期就已注意到孟加拉国人口稠密。今天的孟加拉国国土面积为147 570平方千米，人口数1.6亿。2020年，孟加拉国人口密度为1 265.2人/平方千米，在2018年世界人口密度排名中位列第二，远远超过排名第十六的中国。马欢记载的孟加拉国宗教信仰也保持至今，现在孟加拉国有88%的人信仰伊斯兰教。

孟加拉国吉大港

孟加拉国传说郑和带来的中国渔网

我将吉大港（Chattogram）作为我访问孟加拉国的主要一站。

吉大港是孟加拉国人口第二多的城市，也是重要的港口城市，位于孟加拉湾东北岸。吉大港原为渔村，古时就有阿拉伯人、波斯人和葡萄牙人到此贸易，9世纪开始阿拉伯人就将吉大港作为海港了。吉大港完善于16世纪，现在是有28个码头、吃水深6.4～8.5米的天然良港。

孟加拉国有多所有名大学位于吉大港，包括吉大港工程技术大学、国际伊斯兰大学和吉大港大学等。其中建于1966年的吉大港大学是孟加拉国最重要的大学。2005年8月19日，我的家乡中国昆明市与孟加拉国吉大港市缔结为友好城市。

在中国文献中，吉大港写作"察地港"或"浙地港"。郑和远航中，吉大港是一个重要停泊地，因为郑和的船是大船，需要深水港，所以可能要将大船停在吉大港，换用小船前往恒河等地。郑和甚至在吉大港设立了"官厂"，用以储存钱粮器物、打理番货。

吉大港有国际机场，但我是从孟加拉国首都达卡乘车往吉大港去的，路途为268千米，司机说需要7～8个小时。开始我们不理解，因为道路很平，也没有险路，原来以为不难走，但上路后才发现孟加拉国堵车非常严重，场面一片混乱，其中两次最长堵车都达1个多小时。这种堵车没有任何理由，所有的车，包括大货车、公共汽车、小轿车、三轮车都在想办法往前走，谁都不让谁先过去，根本没有规则，想怎么走就怎么走。从每辆汽车的头部、尾部都伤痕累累就可以想见它们经过了多少次碰撞，所以当地人们当然也就不把碰撞当作一回事了。闹市区偶尔会有一位警察挥动长长的木棍敲击车辆，像赶牲口一样维持交通，在郊区则完全没有人维持秩序。我们在路上整整走了7个半小时，一直到15：00才到达吉大港。

一路上，我们经过几条很大的河流，两岸田野平整、绿意盎然，看得出当地农业自然条件是很好的，但是农村的贫穷触目可及，房舍如同贫民窟，河边村旁垃圾堆积成山，空气中充满腐败垃圾的气味。渔民用起落式渔网捕鱼，他们称之为"中国渔网"。但除此以外，我在孟加拉国没有寻访到关于郑和的任何痕迹。

在吉大港，我们去了作为休闲地的海滨，那里景色很漂亮，有一些小游艇。真正的吉大港码头则遍布集装箱，远处停泊着巨大的远洋货轮——吉大港是一个很繁忙的港口。

吉大港毗邻缅甸，与中国西南地区非常近。中国古代文献说汉代可从云南走水路沿伊洛瓦底江顺流而下，出孟加拉湾航行到印度。

孟加拉国的南部其实很靠近缅甸，风俗也差不多，男人穿着像女

孟加拉湾月亮船

子筒裙一样的"笼基",人的面孔看起来也很像缅甸人。

孟加拉国尽管非常贫穷,但很重视教育。在路上可以看到很多中小学生穿着制服,多数是不同深浅的蓝色,有的女孩有白色披肩或白色头巾,也有少数绿色、橙红色的校服,在路边的绿茵中形成一道亮丽的风景。都说孩子是世界的未来,我想这句话对孟加拉国来说更有特殊意义。

我们的车在科克斯巴扎尔(Cox's Bazar)回吉大港的路上遇到了"大象勒索"。司机正开着车行驶在城市街道上,一个庞然大物堵在了前窗,原来是一头很大的大象,司机赶忙打开车窗,拿出一张 100 达卡的孟加拉纸币(约合 1.2 美元),大象用鼻子把钱拿走后走开,让我们开车离开,同样的一幕在一天内看见两次。

孟加拉国与郑和航海还有一段传说。《四库全书》收录的明朝夏原吉《忠靖集》卷一《麒麟并序》里记载,永乐十二年,榜葛剌国敬献麒麟给大明皇帝,这里的"麒麟"是长颈鹿。有人据此认为,这是促使郑和船队前往东非寻找"麒麟"的原因。这当然不足为信,孟加拉国也没有长颈鹿,除非是从非洲转运过来的。

我们从吉大港往南方科克斯巴扎尔的方向走,这一段路是最有特

身着节日盛装的孟加拉国女学生

色的乡村道路，路不宽，两车道，路面也还好，但是车速不能快，汽车很难超车。公路两边有村庄田野，正值育秧栽秧时节，使我感觉仿佛回到20世纪60年代末我下乡插队的云南芒市遮放地区。

路上看到当地牛交易市场，有数百头黄牛和水牛在此交易，几十头水牛的牛角被绳子绑着，排成一排，看上去是令人有点悲伤的壮观。

16：00多，我们到了孟加拉国最南端的科克斯巴扎尔，如果有充裕的时间和闲情，这是一个有名的海滨度假胜地。我们首先想看的是被废弃的孟加拉国特色"月亮船"。我们请了一位当地开机动三轮车的司机带路，在一个泥泞的河湾，停留有许多搁浅废弃的木船，许多人就把这种废弃木船当作住屋。月亮船两头翘起，涂着黑色油漆的木船在薄暮中很有历史感，也非常壮观。

关于"孟加拉"的译名，我注意到其与英文发音有差异。Bangladesh发音更接近马欢在《瀛涯胜览》中所译的"榜葛剌"，怎么成了"孟加拉"呢？有人从语音学上解释B是浊音，与英语的B一样要震动声带，汉语普通话没有浊音B，最相近的只有相近的唇鼻音M，于是就变成了"孟"加拉。这使我想起同是南亚大陆的孟买，原来写作Bombay，现在写作Mumbai，是否也是出于类似的原因？

九、伊朗和霍尔木兹海峡

郑和七次下西洋中，有3次在伊朗的霍尔木兹海峡停泊。

马欢的《瀛涯胜览》对忽鲁谟斯国描述道：

其国边海倚山，各处番船并早番客商都到此处赶集买卖，所以国民皆富。国王、国人皆奉回回教门，尊谨诚信，每日五次礼拜，沐浴斋戒，必尽其诚。风俗淳厚，无贫苦之家。

霍尔木兹海峡是阿拉伯海进入波斯湾的唯一水道。海峡南岸是阿曼，阿曼的主体民族是阿拉伯人，海峡北岸是伊朗，主体民族不是阿拉伯人，而是古波斯人。伊朗的阿巴斯港是海峡的管理中心，海峡中间偏近伊朗的一边有一大岛叫格什姆岛，再往北是霍尔木兹岛，都属于伊朗。

阿曼的经济比伊朗差得很多，在海峡阿曼一侧，还可以看到很多传统的阿拉伯木帆船，令人想起郑和时代。在海峡的伊朗一侧，则显示出世界重要咽喉的繁忙。霍尔木兹海峡是海湾地区石油输往世界各地的唯一海上通道。霍尔木兹海峡，主要由伊朗进行控制，由于伊朗与西方国家的关系不佳，所以多数西方国家对于这个海峡又爱又怕。

马欢《瀛涯胜览》里对各个国家的描写看不出彼此的大小区别，今天的伊朗可是世界上国土面积排名第十七位、约164.5万平方千米的国家。

伊朗是具有四五千年历史的文明古国，史称波斯。前6世纪，古波斯帝国盛极一时，留下了灿烂的文化。拜这段历史所赐，伊朗的世界文化遗产有22个，2019年伊朗与美国的世界遗产数并列位居世界遗产数第十。

从马欢的文字中，大家看到的也仅仅是一个伊斯兰的阿拉伯世界。其实伊朗和阿拉伯世界有很大的不同，伊朗的人口中，2/3以上是波斯人，其次是阿塞拜疆人、库尔德人，阿拉伯人和其他外来民族一样，仅占极小的比例。

波斯是历史悠久的文明古国，今天到伊朗旅游，还能看到和其他地方不一样的灿烂的文明，和世界上最美的波斯美女。

尽管伊朗也属于伊斯兰国家，但在伊朗近代历史中，巴列维国王执政的1925—1979年，伊朗曾经与美国走得很近，希望完全按美国的方式生活。不仅对女性没有着装要求，单身女性还可以出来工作，

并给予妇女选举权。尽管1979年"伊斯兰革命"以后，伊朗女性又都以头巾包裹头发，但她们完全不像阿拉伯世界其他地方的女性那样封闭。相反，伊朗女性非常友好，愿意接受拍照和合影，一些年轻的女孩甚至主动要求和我们合影，这在其他的伊斯兰国家是很难看到的。

人们出国旅游，总会把首都当作打卡地看一看。但是在伊朗，首都德黑兰除了博物馆值得一看之外，其他乏善可陈。由于交通堵塞，空气污染，所以我们没待多久就离开了。

作为波斯文明古国，伊朗的旅游资源十分丰富。到伊朗旅游的人不会仅仅看看霍尔木兹海峡，在不远的南方，波斯波利斯是波斯帝国的首都，尽管遭受过亚历山大军队的洗劫，但从废墟中还能看到当年建筑的恢宏、雕刻的精美。设拉子的埃拉姆花园被人们称作"天堂花园"，花园与伊朗诗人歌颂夜莺和玫瑰的诗篇一起闻名遐迩。伊斯法罕的四十柱宫美轮美奂，卡尚的芬恩花园将伊朗玫瑰传遍世界。而在雅兹德，可以从居鲁士王朝的遗迹感受伊朗的历史，也能看到拜火教的起源。在我去过的100多个国家中，伊朗绝对是令我印象深刻、愿意再去的前十个国家之一。实际上，伊朗也十分安全，伊朗人对中国人很有好感。

马欢对忽鲁谟斯国的描写十分简略。同样，今天我在伊朗也没有找到郑和远航留下的痕迹，但这不能掩盖中国与伊朗的深厚历史交往渊源。

中国和古波斯的往来可以溯源到汉代。东汉末年安息王的太子安世高就曾来汉访问并在中国待了多年。南北朝时期，波斯使臣来中国达十数次之多。古代丝绸之路的建立中，波斯起到重要的作用，中国的丝绸、瓷器以及制漆、缫丝等工艺传入伊朗等西亚诸国，伊朗的物产如蚕豆、苜蓿、葡萄、胡桃、石榴等也源源不断传入中国。到了唐代，两国的往来达到鼎盛。我到甘肃张掖大佛寺参观时，博物馆工作人员告诉我1970年这里出土了6枚波斯萨珊王朝银币，萨珊王朝（224—651）就相当于中国的汉魏到初唐时期。宋代，波斯人经由海路来到中国泉州、广州和扬州经商，泉州至今留有波斯人的遗迹。明代，明成祖和中亚的沙哈鲁王子派团互访。郑和七次下西洋中有三次将船队停泊于波斯湾的忽鲁谟斯，也与中国和波斯关系融洽有关。

1971年8月，中国和伊朗正式建交，双方高层互访不断。伊朗是中国重要的石油进口国，双方一直保持着友好的关系。

十、也门、阿曼和沙特阿拉伯

郑和第五次和第七次下西洋时，大船队或者分船队到过阿拉伯半岛。阿拉伯半岛东临波斯湾、阿曼湾，南临亚丁湾和阿拉伯海，西隔红海与非洲大陆相望，是世界最大的半岛。按照现在的政区划分，最大的国家为沙特阿拉伯，其次为也门、阿曼，这也是郑和船队到访过的国家。其余如阿拉伯联合酋长国、科威特、卡塔尔和巴林，郑和远航没有涉及。

马欢《瀛涯胜览》列出的阿拉伯国家有阿丹国，即现在的也门；祖法儿国，即现在的阿曼；天方国，即现在的沙特阿拉伯。

我一直想去沙特阿拉伯圣地麦加看一看。但我不是穆斯林，所以这个愿望至今没能实现。同时，在我准备到也门和阿曼的时候，也门发生动乱，中国紧急撤侨，所以我也没能到那里。在也门、阿曼和沙特阿拉伯寻访郑和踪迹的旅行是我请朋友帮助我完成的。

关于也门，即阿丹国，马欢在《瀛涯胜览》中写道：

国富民饶，国王、国人皆奉回回教门，说阿剌壁语，人性强梗，有马步锐兵七八千，所以国势威重，邦畏之。永乐十九，钦命正使太监李等赍诏、衣冠赐其王酋，到苏门达剌国，分腙内官周领驾宝船数只往彼。

王闻其至，即率大小头目至海滨迎接诏赏至王府，行礼甚恭谨。感伏开读毕，国王即谕其国人，但有珍宝许令卖易。在彼买得重二钱许猫睛石，各色雅姑等异宝，大颗珍珠，珊瑚树高二尺者数株，又买得珊瑚枝五柜，金珀、蔷薇露、麒麟、狮子、金钱豹、驼鸡、白鸠之类。麒麟前两足高九尺，后两足约高六尺，头抬颈长一丈六尺，首昂后低，人莫能骑。头生两肉角在耳边，牛尾鹿身，蹄有三跲，匾口，食粟、豆、面饼。其狮子身形似虎，黑黄无斑，头大口，尾尖毛多，黑长如缨，声吼如雷。诸兽见之，伏不敢起，乃兽之王也。

国王感荷圣恩，特造金厢宝带二条，窟嵌珍珠宝石金冠一顶，并雅姑等各样宝石、蛇角二枚，修金叶表文进贡中国。

马欢在《瀛涯胜览》中对很多国家的描述都十分简略，而对阿丹国和后面的祖法儿国、天方国的描述则比较详细。文中"钦命正使太监李"是李铠，不是郑和。

也门位于阿拉伯半岛西南端，与沙特阿拉伯、阿曼相邻，濒红海、亚丁湾和阿拉伯海。也门拥有3 000多年文字记载的历史，曾被认为

也门亚丁港和也门的穷人

是阿拉伯世界古代文明摇篮之一。萨那是伊斯兰历史名城,关于萨那最早的历史记载可追溯到1世纪。1982年,萨那被认定为世界遗产。著名清真古寺萨那清真寺始建于630年,设有宗教学校,为也门地区什叶派支系栽德派的宗教教育中心。

也门是举世闻名的摩卡咖啡原产地。

中国和也门(当时还是也门王国)早在1956年就已经建交,一直保持着良好关系。也门是中国重要的石油采购国,多年来中国和也门高层互访频繁。

也门有约2 000千米的海岸线,亚丁(Aden)是历史上有名的港口之一,也是著名古城。亚丁港地处红海和亚丁湾的交界处,是全天候深水港。郑和船队当年到的就是亚丁港。

也门历史上经历了从王国到共和国的过渡,20世纪80年代以后,也门不断发生战乱,民不聊生,至今经济落后。

2015年,因为国内部族矛盾,随着阿拉伯国家联军的介入,也门处于危险的战火中。中国海军用军舰将571名中国公民全部撤离的事件就发生在亚丁港。

《瀛涯胜览》中的祖法儿国即阿曼,全名阿曼苏丹国,也是阿拉伯半岛最古老的国家之一,与沙特阿拉伯和也门接壤。阿曼的海岸阿曼湾与伊朗隔海峡相望,共同扼守着世界上最重要的石油输出通道——波斯湾和阿曼湾之间的霍尔木兹海峡。

阿曼苏丹卡布斯港

阿曼清真寺

前2000年，阿曼已经广泛进行海上和陆路贸易活动，并成为阿拉伯半岛的造船中心。郑和船队也曾多次来过阿曼。

马欢描述祖法儿国道：

国王、国人皆奉回回教门，人体长大，貌丰伟，语言朴实。

如遇礼拜日，上半日市绝交易。男女长幼皆沐浴既毕，即将蔷薇露或沉香并油搽面并四体，俱穿齐整新净衣服。又以小土烧沉、檀、俺八儿等香，立于炉，上熏衣体，才往礼拜寺。

土产乳香，其乳乃树脂也。其树似榆而叶尖长，彼人斫取香而卖。中国宝船到彼开读赏赐毕，王差头目遍谕，皆将乳香、血竭、芦荟、没药、安息苏合油、木鳖子之类来易红丝、瓷器等物。

马欢所描述的关于穆斯林的一些习俗与现在阿曼等阿拉伯国家的习俗仍然相吻合。

郑和航海中经过的阿拉伯半岛的一个重要地点是麦加。

麦加最早见于中国南宋淳熙五年（1178年）周去非所著《岭外代答》，书中称之为麻嘉国。《宋会要》称之为摩迦，《诸蕃志》称之为麻嘉，《明史》称之为默伽。

郑和船队前往麦加，应当是到达今天沙特阿拉伯的吉达港。吉达港距离圣城麦加仅仅70千米，17世纪起作为朝觐者的海上出入门户而兴盛起来。如今吉达是沙特阿拉伯的第二大城市，是沙特阿拉伯政府外交部及各国使馆驻地所在城市。

马欢《瀛涯胜览》记载天方国（麦加）道：

到王居之城，名默伽国。奉回回教门圣人始于此国阐扬教法，至今国人悉遵教规行事，丝毫不敢违范。其国人物魁伟，体貌紫膛色。男子缠头，穿长衣，足着皮鞋。妇人俱戴盖头，莫能见其面。说阿剌壁言语。

再行大半日之程，到天堂礼拜寺，其堂番名恺阿白。外周垣城，其城有四百六十六门，门之两旁皆用白玉石为柱，其柱共有四百六十七个。前九十九个，后一百一个，左边一百三十二个，右边一百三十五个。其堂以五色石垒砌，四方平顶样。内用沉香大木五条为梁，以黄金为阁，满堂内墙壁皆是蔷薇露、龙涎香和土为之，馨香

麦加朝觐

不绝。上用皂纻丝为罩罩之，蓄二黑狮子守其门。每年十二月十日，各番回回人一二年远路的，也到堂内礼拜，皆将所罩纻丝割取一块为记而去。剜割既尽，其王预织罩之，仍复年年不绝。

宣德五年，钦蒙圣朝差内宫太监郑和等往各番国开读赏赐，分艅到古里国时，内宫太监洪（保）见本国差人往彼，就选差通事等七人，赍带麝香、瓷器等物，附本国船只到彼。往回一年，买到各色奇货异宝、麒麟、狮子、驼鸡等物，并画天堂图真本回京。其默伽国王亦差使臣将方物跟同原去通事七人，献赉于朝廷。

这里的宣德五年（1430年）即郑和第七次下西洋的时间。但只说了"分艅到古里国时，就选差通事等七人，赍带麝香、瓷器等物，附本国船只到彼"，没有说郑和本人去了没有。郑和作为穆斯林，其祖父和父亲都曾去过天方朝觐，所以被人尊称为"哈只"，意为巡礼人。如果可以，郑和应当会利用远航的机会到麦加朝觐。但郑和在第七次航海前在福建长乐撰写的《天妃灵应之记》总结前六次航海经历时，没有提到天方国。因此关于郑和本人是否到过麦加朝觐，或者朝觐了几次，一直是一个有争议的问题，已有不少学者为此撰写了研究论文，感兴趣的读者可以在网络上查一下。

十一、索马里、肯尼亚和坦桑尼亚

郑和航海到过非洲哪些地方？

郑和下西洋的主要目的是政治和经济交流，他率领的庞大船队的航行目的地应当在行前就有大明皇帝的敕命，不是临时决定的。所以根据史料，应当知道郑和去过哪些地方。这方面最可靠的是《天妃灵应之记》。碑文中，提到了木骨都束国。

这里的木骨都束，就是现在的索马里摩加迪沙，但马欢和巩珍的书里都没有提到木骨都束，费信的《星槎胜览》后集有木骨都束国，据明刻本《纪录汇编》记载：

自小葛兰顺风二十昼夜可至，其国濒海，堆石为城，垒石为屋四五层，厨厕待客俱在其上。男子拳发四垂，腰围稍布。女人发遮，青纱蔽面，足履皮鞋。山连地广，黄赤土石，田瘠少收。数年无雨，穿井甚深，绞车以羊皮袋水。风俗嚣玩，操兵习射。其富民附舶远通商货。贫民网捕海鱼，晒干为食，及喂养驼、马、牛、羊。地产乳香、金钱豹、龙涎香。货用金银、色段、檀香、米谷、磁器、色绢之属。其酋长效礼进贡方物。

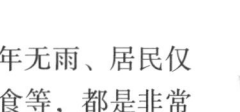

这里记述了一些东非沿海国家的情况，如干旱数年无雨、居民仅以小块布料遮羞、富人用船舶做买卖、穷人以鱼干为食等，都是非常写实的。

离开了木骨都束国之后，郑和又顺便访问了临近的卜剌哇（今索马里东南岸布拉瓦）、竹步（今索马里南部朱巴河口的准博）等东非小国。

在《郑和航海图》中还提到一些地名，很多当代研究者认为其中的"麻林地""慢八撒"对应今天肯尼亚的马林迪（Malindi）和蒙巴萨（Mombasa），也有学者认为"麻林地"是坦桑尼亚的基瓦尔。

蒙巴萨是肯尼亚第二大城市，位于东南沿海，临印度洋。11世纪，阿拉伯人即将此作为重要商港，至今它还是非洲东海岸的最大海港。马林迪在蒙巴萨北面104千米处，现在已经不太受人们重视，但历史上它曾是著名港口，葡萄牙航海家达·伽马在此停留期间请阿拉伯海员伊本·马吉德带领他的船队前往印度，立下了探索欧洲到印度航线的大功。

在东南亚旅行的时候，例如在越南、泰国、马来西亚等，我们都能遇到一些知道郑和的世居华人，在一些博物馆也能看到有关中国的文物。但是在非洲，我发现提到中国航海、中国海船时，所有的人，包括博物馆的管理人员和大学的学者都是一脸茫然，遑论知道中国航海家郑和了。现在多数学者的共识是摩加迪沙、马林迪和蒙巴萨是郑和船队到达过的地方。也就是说郑和远航到了非洲的东岸便没有再继续航行。

郑和下西洋的航行多数是沿着海岸前进的，但结束非洲航行从木骨都束返回时，是直接穿过阿拉伯海驶往锡兰山国停泊的。在浩瀚大海中航行，风浪肯定比沿海岸航行要大得多，在这样的惊涛骇浪中，郑和也曾祈祷天妃娘娘护佑，他在《天妃灵应之记》中写道：

观夫海洋，洪涛接天，巨浪如山，视诸夷域，迥隔于烟霞缥缈之间。而我之云帆高张，昼夜星驰，涉彼狂澜，若履通衢者，诚荷朝廷威福之致，尤赖天妃之神护佑之德也。

我多次到过非洲，包括郑和去过的肯尼亚、坦桑尼亚，还有其他很多国家。由于索马里局势动荡的原因，我没能去索马里。非洲是世界上最有魅力的旅行目的地之一，在西非，可以在马里、毛里塔尼亚、加纳、几内亚等国家看原始状态的非洲；在南非，可以在博茨瓦纳、纳米比亚、南非共和国等国家看非洲受西方影响下的状态；在北非，可以在埃及、摩洛哥等国家体验历史；而在东非，可以在埃塞俄比亚看人类祖先,在肯尼亚和坦桑尼亚看野生动物。

这里,要引出一个与郑和有关的野生动物话题,那就是传说郑和引进的麒麟究竟是不是古代传说的神兽麒麟。

麒麟,是中国的传统瑞兽。《礼记·礼运第九》中写道:"麟、凤、龟、龙,谓之四灵。"可见麒麟地位与龙比肩。麒麟的形象是狮头、鹿角、虎眼、麋身、龙鳞,尾毛似龙尾状舒展,一只角为肉角。

古人认为,麒麟出现必有祥瑞。相传孔子出生之前和去世之前都出现了麒麟,孔子曾引获麟歌:"唐虞世兮麟凤游,今非其时来何求?麟兮麟兮我心忧。"所以麒麟也是儒家文化的象征。

麒麟本来因雌雄有不同名称,牡曰麒,牝曰麟。如今麒麟也常用来比喻才能杰出、德才兼备的人,此时用作人名时往往只用麟,如反清志士徐锡麟等。在中国传统民俗中,麒麟常具有福佑的文化内涵,京剧大师周信芳艺名即麒麟童,民间还有"麒麟送子"之说。

问题是,与传说中的龙、凤凰一样,谁也没见过真的神兽麒麟。

同样,郑和航海以前,中国人也没见过长颈鹿。

与郑和相关的"麒麟事件"一共有4次。明永乐十二年(1414

沈度麒麟图画及诗句

故宫的麒麟

年），郑和手下的杨敏带回榜葛剌国进贡的一只麒麟。永乐十三年（1415年），郑和第四次下西洋绕过阿拉伯半岛到达东非，同年，船队返回中国，随同返回的东非麻林地（多认为是今肯尼亚的马林迪）使者向永乐帝献上了一只麒麟。永乐十四年（1416年），麻林国第二次向明朝进贡麒麟。正统三年（1438年），榜葛剌国又进贡过一次麒麟。

公元1415年，九月夏原吉赋麒麟鸣盛。《忠靖集》卷一《麒麟》："永乐十二年秋，榜葛剌国来朝献麒麟。今年秋，麻林国复以麒麟来献。其形色与古之传记所载及前所献者无异。臣闻麒麟瑞物也，中国有圣人则至……臣忝职地官，屡睹盛美，不揆芜陋，谨拜手稽首而献赋。"

马欢在《瀛涯胜览》书中就此瑞兽有如下描述：

麒麟，前两足高九尺，后两足约高六尺，头抬颈长一丈六尺，首昂后低，人莫能骑。头生两肉角在耳边，牛尾鹿身，蹄有三跲，匾口。食粟、豆、面饼。

显然，这里的麒麟就是长颈鹿。仔细对照，除了"头上有两肉角"与传说中麒麟"有一只肉角"勉强对应外，长颈鹿与神兽麒麟的传统描述相距甚远，尤其是对应不上的长长的脖子怎么会被忽略呢？榜葛剌国并不产长颈鹿，但作为孟加拉湾海港国家，长颈鹿从东非船运而入是可能的。

然而没见过麒麟的明朝民众竟然因瑞兽而出现臣民集观、欣喜若狂的场面。沈度的画十分写实，画面上一位异邦红衣使者牵着一头长颈鹿，颂诗赞曰："西南之诹，大海之浒，实生麒麟，身高五丈，麇身马蹄，肉角黝黝，文采焜耀，红云紫雾，趾不践物，游必择土，舒舒徐徐，动循矩度，聆其和鸣，音协钟吕，仁哉兹兽，旷古一遇，照其神灵，登于天府。"

现在仍然可见这种说法："600年前中国明代的郑和远航世界，史有定论的远达非洲。之所以跑那么远，据说就是为寻找中国人心目中的吉祥神兽麒麟。中国古代传说中世有麒麟出，是国泰民安、天下太平的吉兆。"

明史中没有关于永乐皇帝见到瑞兽麒麟是否"龙颜大喜"的记载，但"细思极恐"，如果皇帝对这种"指鹿为麟"的行为龙颜大怒，恐怕会有人被以"欺君之罪"受到惩罚。

事实上，传统文化并未接受麒麟就是长颈鹿的说法。永乐十八年（1420年）建成的故宫慈宁门前，就有一对至今保存完好的威武的鎏金铜麒麟,而不是一对长颈鹿。《红楼梦》里史湘云项上佩戴的也是一只金麒麟,而不是一头长颈鹿。由此可见,说麒麟是长颈鹿的乌龙,甚至说郑和远航非洲就是为寻找神兽麒麟的说法应当休止了。

十二、关于郑和七次下西洋的总结

根据前述郑和航海的主要资料,即马欢所著的《瀛涯胜览》、费信所著的《星槎胜览》、巩珍所著的《西洋番国志》以及《武备志》中收入的《郑和航海图》,并参考当代学者的研究著作,如南京大学教授刘迎胜《丝路文化·海上卷》,海军海洋测绘研究所、大连海运学院航海史研究室编制的《新编郑和航海图集》,获得公认的郑和七次下西洋行程如下。

第一次下西洋(1405—1407)。

永乐三年(1405年)农历六月十五日,朱棣命正使郑和、副使王景弘率士兵二万八千余人出使西洋,造长44丈、广18丈大船63艘,从江苏太仓刘家河泛海到福建长乐,再由福建五虎门扬帆,先到占城(今越南中南部地区),后向爪哇方向航行。船队后到过苏门答腊、满剌加、锡兰山、古里等国家,并在古里立石碑"去中国十万余里,民物咸若,熙皞同风,刻石于兹,永示万世"(石碑今已不存)。

永乐五年(1407年)农历九月初二回国,这次远航郑和在旧港国(今印度尼西亚)剿灭明洪武年间从广东逃亡至此处的海盗陈祖义集团,生擒海盗陈祖义等三贼首,押回京城,陈祖义等被问斩。

第二次下西洋(1407—1409)。

永乐五年(1407年)农历九月十三日,郑和第二次远航西洋。主要访问了占城、暹罗、渤泥(今文莱)、爪哇、满剌加、南巫里、加异勒(今印度南端)、锡兰山、柯枝(今印度西南岸科钦一带)、古里等国。于永乐七年夏末回国。

这次航行中郑和对锡兰山佛寺进行布施,并立碑为文,碑文中记有"谨以金银织金、纻丝宝幡、香炉花瓶、表里灯烛等物,布施佛寺以充供养,惟世尊鉴之"。这一以中文、泰米尔文、波斯文三种文字刻立的布施碑至今存于斯里兰卡科伦坡国家博物馆。

第三次下西洋(1409—1411)。

永乐七年(1409年)农历九月,郑和从江苏太仓刘家港起航,到福建待风后出发,主要访问了占城、暹罗、爪哇、满剌加、阿鲁、苏门答腊、锡兰山、甘巴里(今印度南端)、小葛兰、南巫里、加异勒、柯枝、古溜山、古里等国。于永乐九年农历六月十六日回国。

郑和在此次航行途中，粉碎锡兰山国王亚烈苦奈儿的拦截阴谋，生擒亚烈苦奈儿并押送中国。亚烈苦奈儿得到大明皇帝赦免，从此锡兰国与中国交好。

第四次下西洋（1412—1415）。

永乐十年（1412年）农历十一月十五日出发，随行有通事马欢，主要访问了占城、爪哇、吉阑丹（今马来西亚与泰国交界处）、彭亨（今马来西亚境内）、满剌加、阿鲁、苏门答腊、柯枝、溜山、古里、木骨都束、忽鲁谟斯、麻林地（今东非）等国。于永乐十三年（1415年）夏回国。

这次航行中郑和船队首次绕过阿拉伯半岛，航行至东非麻林地。也是在这次远航时，郑和应苏门答腊国王请求，擒获伪王苏干腊，平定苏门答腊内乱。

第五次下西洋（1416—1419）。

永乐十五年（1416年）农历十二月十日出发，主要访问了占城、渤泥、爪哇、彭亨、满剌加、锡兰山、阿鲁、苏门答腊、柯枝、古里、木骨都束、卜拉哇、阿丹、剌撒、忽鲁谟斯、麻林地等国。于永乐十七年（1419年）七月十七日回国。

第六次下西洋（1421—1422）。

永乐十九年（1421年）农历正月三十日奉诏，但秋季才出发，主要访问了占城、暹罗、满剌加、榜葛剌、锡兰山、柯枝、溜山、古里、祖法儿、阿丹、剌撒、木骨都束、卜拉哇、忽鲁谟斯等国。永乐二十年（1422年）八月十八日回国。

这次航行的一个重要任务是护送忽鲁谟斯等16国使臣归国。

第七次下西洋（1431—1433）。

宣德六年（1431年）农历十二月十九日出发，主要访问了占城、暹罗、爪哇、满剌加、苏门答腊、榜葛剌、锡兰山、小葛兰、加异勒、柯枝、溜山、古里、忽鲁谟斯、祖法儿、阿丹、剌撒、天方、木骨都束、卜拉哇、竹步等国。宣德八年（1433年）七月六日回国。

这次航行前，在福建长乐祈风等候时，郑和亲自立了天妃灵应之记碑，总结前六次远航，这是唯一尚存的郑和自述。

第六次远航归来不久，永乐二十二年（1424年）明太祖朱棣去世，仁宗朱高炽即位，因为国库空虚，下令停止下西洋的行动。直到仁宗一年后去世，明宣宗即位后6年的宣德六年（1431年），郑和船队才重启远航，这也是郑和的最后一次远航。据《明史》记载，郑和因劳累过度于宣德八年（1433年）四月初在印度西海岸古里去世，船队由太监王景弘率领返航，于宣德八年七月初六（1433年7月22日）返回南京。

郑和第七次下西洋是规模最大的一次，马欢《瀛涯胜览》中记载：

宝船六十三只，大者长四十四丈四尺，阔一十八丈；中者长三十七丈，阔一十五丈。计下西洋官校、旗军、勇士、力士、通士、民稍、买办、书手、通共计二万七千六百七十员名：官八百六十八员、军二万六千八百二名。正使太监七员、少监十员、监丞五员。内官内使五十三员、户部郎中一员、都指挥二员。指挥九十三员、千户一百四十员、百户四百三员。教谕一员、阴阳官一员、舍人二名、余丁一名。医官、医士一百八十名。

这真是一支出海大军！

郑和七次下西洋究竟到了多少个地方一直是一个争论不休的话题，郑和下西洋时到访国家的实际情况和交往过程如何也难究其详。根本原因是缺乏原始资料。

郑和远航没有按日程记录的航海日志，研究者只能根据记载明朝皇帝行政记录的《明实录》、出土的几块有关郑和的石碑，及《瀛涯胜览》《星槎胜览》《西洋番国志》来研究郑和的航海壮举。评价较高的《瀛涯胜览》是在郑和第七次下西洋结束后的18年（景泰二年，1451年）才问世的，比《星槎胜览》（约成书于正统元年，1436年）和《西洋番国志》（成书于明宣德九年，1434年）还要晚得多。这三本书的共同点都是没有区分每一次航海所到达的国家，没有区分分船队和主船队，尤其是统帅郑和的访问活动。三本书主要都是归纳不同国家的风土人情，记录郑和船队到访各国的活动的文字过于简略。而且，记载各国风土人情也不是完全写实的，有不少传闻来自较早的一本书《岛夷志》。

马欢在《瀛涯胜览》自序中写道：

余昔观《岛夷志》，载天时、气候之别，地理、人物之异，慨然叹曰：普天之下何若是之不同耶？永乐十一年癸巳，太宗文皇帝敕命正使太监郑和等统领宝船，往西洋诸番开读赏赐，余以通译番书，亦被使末。随其所至，鲸波浩渺，不知其几千万。历涉诸邦，其天时、气候、地理、人物，目击而身履之，然后知《岛夷志》之所著不诬，而尤有大可奇诧者焉。

马欢极力称赞，而后他亲身"目击而身履之"的《岛夷志》是本什么书？

这里，我们要介绍一位被誉为"东方马可·波罗"却鲜为人知的元代旅行家，《岛夷志》的作者汪大渊。

汪大渊字焕章，江西南昌人。早在郑和第一次下西洋前75年，至顺元年（1330年），只有20岁的汪大渊即从泉州搭乘商船出海，进行了历时5年的远行，约在至元元年（1335年）回国。2年后，至元三年（1337年）时，27岁的汪大渊又从泉州出海，开始了他的第二次旅行，这一次航行持续2年，于至元五年（1339年）返回泉州。

两次旅行，汪大渊先后到达今天的越南、马六甲、爪哇、苏门答腊、缅甸、印度、伊朗、阿拉伯半岛、埃及、摩洛哥、索马里、莫桑比克、斯里兰卡、澳大利亚、加里曼丹岛、菲律宾群岛、印度尼西亚、印度洋以西的阿拉伯海、波斯湾、红海、地中海、莫桑比克海峡等地。汪大渊没有自己的船队，靠搭乘商船出行，所以他只是一位民间旅行家而不是航海家。

汪大渊回国后将两次航海旅行写成了《岛夷志》，泉州在修地方志时，将《岛夷志》收录至附录。后来汪大渊将《岛夷志》节录成《岛夷志略》印行出版，而如今《岛夷志》已经失传。清代编撰《四库全书》收入了《岛夷志略》。除本书外，未见汪大渊其他著作，他的身世也无记载可寻。据悉，汪大渊故乡南昌市青云谱区正着手建设汪大渊故居、博物馆等纪念场馆，以缅怀这位杰出的旅行家。

2000年，中华书局出版了《岛夷志略校释》。《岛夷志略》正文共100条，约2万字。汪大渊在《岛夷志略》后记中道：

大渊少年尝附舶以浮于海。所到之地，窃尝赋诗以记其山川、土俗、风景、物产之诡异，与夫可怪可愕可鄙可笑之事，皆身所游览，耳目所亲见。传说之事，则不载焉。

但事实上，《岛夷志略》书中并非完全"耳目所亲见""传说之事，则不载焉"。旅行书籍中收入荒诞不经的传说，这是可以理解的。问题是，这些传说被记录郑和远航的三本书当作所见加以证实。

兹举一例，《岛夷志略》宾童龙（现越南境内）条云：

其尸头蛮女子害人甚于占城，故民多庙而血祭之。蛮亦父母胎生，与女子不异，特眼中无瞳人，遇夜则飞头食人粪尖头飞去，若人以纸或布掩其项，则头归不接而死。

马欢《瀛涯胜览》占城条云：

一尸致鱼，本是人家一妇女也，但眼无瞳，人为异。夜寝则飞头去食人家小儿粪，其儿被妖气侵腹必死。飞头回合其体则如旧，若知而候头飞去时，移体别处，回不能合则死。人家若有此妇不报官除杀者，罪及一家。

费信《星槎胜览》占城条云：

尸头蛮者，本是妇人也，但无瞳人为异。其妇与家人同寝，夜深飞头而去，食人秽，飞头而回，复合其体，仍活如旧。若知而封固其项，或移体别处，则死矣。人有病者，临粪时遭之，妖气入腹，病者必死。此妇亦罕有，民间有而不报官者，罪及一家。

巩珍《西洋番国志》占城条云：

其国中有人家妇人，呼名尸只于者，惟以目无瞳人为异。夜寝时能飞去，食人家小儿粪尖，则妖气入儿腹必死。其头复回本体，相合如旧。有人能以妇人之体移置他处，其妇亦死，但知人家有此妖异不报官者，罪及合家。

这里之所以不厌其烦地比较四本书，是想说明：《岛夷志略》说的无瞳妇人能飞头杀人，一看就知荒谬；而马欢、费信、巩珍加上"人家若有此妇不报官除杀者，罪及一家"等词语，似乎真有其事，三人成虎。像这样将来自《岛夷志略》或其他来源的传说混同于航海记录，还有不少处。一些荒诞的还可一眼看出，不太荒诞的就很难识别了，这无疑削弱了这三本书的史料价值。

《武备志》卷二百四十收入的《郑和航海图》原名为《自宝船厂开船从龙江关出水直抵外国诸番图》。《郑和航海图》为人工绘制，全图以南京宝船厂为起点，最远到达非洲东岸。图中包括地名有500个之多，约300个是亚非诸国与地区的地名，其余接近一半是中国国内地名。航海图将国家、岛屿、山脉、河流、具体的楼台建筑绘制在同一图上，没有比例，也没有不同国家、岛屿山川的相隔距离或需要行船的日程。中外许多学者进行了大量研究工作，对其来源、成书年代、是否为郑和航海所用、图中地名的古今对照等均无定论。所以，《郑和航海图》仍不能确定郑和到达过的地方。

历史上，何人、何时、何故销毁郑和航海档案是一个谜题，至今争议不休，但郑和航海的原始资料已经荡然无存是不争的事实。

由于资料的缺失，对郑和船队到达过的国家和地区产生了多种假说，最著名的当属"孟席斯假说"。

加文·孟席斯（Gavin Menzies），英国人，1937年出生在中国。孟席斯1953—1970年在英国皇家海军服役，退役后成为民间历史学家，他对郑和下西洋情有独钟，花费了十多年工夫进行研究。

2002年，孟席斯在英国皇家地理学会会议上公布了他的成果：郑和可能先于哥伦布72年到达美洲，比达·伽马早27年绕过好望角，而世界上第一个完成环球航行的人,也可能不是麦哲伦而是比他早一个世纪的郑和。而且,哥伦布、达·伽马、麦哲伦所用的航海图都是郑和航海图的翻版。孟席斯称他自费访问了120多个国家及900多个档案馆和图书馆。他在意大利查找资料时,发现一幅1459年的古老的投影图已经标出了好望角,而按照公认的记载,1497年葡萄牙航海家达·伽马才带领船队绕过非洲南端的好望角。从这一古老投影图上一段以腓尼基语书写的资料中,孟席斯认为这是一份有关1420年绕过好望角到佛得角群岛的航海笔记,同时有一艘中国大帆船的图画。孟席斯由此论定郑和就是那个最先绕过好望角的人。孟席斯还声称他知道加勒比海有9艘沉船,通过深海照片反馈的信息,这些沉船压舱物形状及大小均与在菲律宾打捞到的中国宝船一致。孟席斯认为这9艘沉船就是来自中国的船只,更确切地说就是郑和舰队中的一部分。因为担心有人觊觎于打捞沉船寻宝,孟席斯不肯透露这些沉船的具体位置。

孟席斯的惊人之论立即引起轰动。2002年,他出版了《1421:中国发现世界》,这本书的中译本由京华出版社在2005年出版。在2005年纪念郑和航海600周年前后,孟席斯以出生于中国、仰慕中国文化的英国学者身份带着他鼓舞人心的假说"登陆"中国,受到了明星般的追捧。《郑和研究》以专刊的形式将孟席斯的观点和论据公布于众,孟席斯本人在中国北京、南京、昆明等几个与郑和有渊源的城市发表演讲,他惊世骇俗的观点获得听众的阵阵掌声。孟席斯还被聘为云南省郑和研究会顾问、云南大学客座教授。中国的一些媒体饶有兴趣地追踪孟席斯,中国的一些学校以此作为增强中国民族自信的典型案例。

但中国专业历史学者普遍认为孟席斯的观点只是标新立异的想象,缺乏根据。

据《明史·郑和传》记载,郑和出使过的国家或城市共有36个:占城、爪哇、真腊、旧港、暹罗、古里、满剌加、渤泥、苏门答剌、阿鲁、柯枝、大葛兰、小葛兰、西洋琐里、苏禄、加异勒、阿丹、南巫里、甘巴里、兰山、彭亨、急兰丹、忽鲁谟斯、溜山、孙剌、木骨都束、麻林地、剌撒、祖法儿、竹步、慢八撒、天方、黎代、那孤儿、沙里湾尼(今印度半岛南端)、不剌哇(今索马里境内)。

按照地理划分,郑和航海是从中国海与印度洋到波斯湾,并远及阿拉伯半岛和非洲东岸。七次下西洋的主要目的是明代中国与印度洋沿岸各国的交往,至于"发现美洲"甚至"环游地球"都是缺乏历史证据的过度推想。

十三、关于郑和航海的七点思考

1. "西洋"是今天的印度洋

"西洋"就是马欢《瀛涯胜览》中记载的"那没黎洋",也就是今天的印度洋。目前能够确切证实的郑和船队(包括分船队)到达的国家主要是:越南、印度尼西亚、文莱、泰国、马来西亚、斯里兰卡、印度、孟加拉国、马尔代夫、阿曼、也门、索马里、伊朗、沙特阿拉伯等。

对郑和船队或分船队可能到访的缅甸、马尔代夫等国家,本书因为没有郑和船队的详细活动记录而从略。

2. 郑和航海的动机主要是朝贡贸易

大明永乐皇帝派遣郑和七次下西洋的动机是寻找流亡的建文帝和到非洲寻找麒麟等,都属于无稽之谈。现在多数学者的共识是大航海是政治经济统一的朝贡贸易。郑和航行的主要目的是宣示大明帝国的辉煌,郑和带着皇帝的玉玺公文,可以代表大明帝国皇帝向各国发布诏告。以郑和航海为契机,所经过的南洋诸国纷纷向大明帝国派出朝贡使节,郑和队伍还在多个地区以军事力量介入政权纷争,以此维持了南洋的秩序。但总的来说,郑和的远征对外展示了大明帝国的和平意愿,以及中国人从不以征服和掠夺作为航海目的的态度。永乐王朝文化事业发展的代表是《永乐大典》,国家综合实力的代表是就是郑和航海下西洋。

3. 郑和是一位伟大的航海家

郑和出色地完成了远航使命,他率领 15 世纪初世界最庞大的船队七次从中国远航,访问了东亚、南亚、阿拉伯半岛、非洲东岸的几十个国家。最多统领 63 艘舰船、28 000 名船员进行经年的海上航行,从指挥航向到处理繁杂的人员关系,从判断不同国家的亲疏态度到决定代表国家意志的策略,彰显了郑和运筹帷幄的卓越领导组织能力。

4. 郑和七次下西洋具有重要意义

郑和七次下西洋"耀兵异域",显示中国强大国力的同时,宣传了

"共享太平之福"的理念。在七次航行中,除了三次事出有因无法避免的战事(即第一次在旧港生擒从中国外逃、在海上兴风作浪的海盗陈祖义,第二次在锡兰山粉碎了国王亚烈苦奈儿的偷袭阴谋,第三次在苏门答腊受国王委托剿灭伪王苏干剌平息内乱)之外,郑和一直是和平的使者。郑和船队的到访使各国看到大明王朝的强盛,也看到大明帝国的和平意愿。结果,许多国家纷纷派员朝拜大明帝国,愿意与中国和睦相处。郑和航海为促进中国与东南亚、印度、阿拉伯和东非各国人民的友好来往作出了卓越的贡献。郑和航海促进了海上丝绸之路的贯通,对于中国与东南亚乃至亚非的物质和文化流通与融合起到历史性的重要作用。

5. 明代郑和航海是规模最大的航海壮举

有人以为中国的航海事业是从郑和开始的,这是错误的。实际上唐代中国就与外国人包括波斯人、阿拉伯人、印度人、马来人、孟加拉人、僧伽罗人、高棉人、犹太人等有贸易和商业往来。中国也有发达的造船业,有商船航行到印度洋、波斯湾、红海区域。

宋朝,尤其南宋时期是中国航海的高峰之一。宋朝已经有先进的造船技术,其中用于远洋航行的木兰舟,"舟如巨室,帆若垂天之云,柂长数丈,一舟数百人,中积一年粮,豢豕酿酒其中",但更实用的商船"海舶大者数百人,小者百余人""海商之舰,大小不等,大者五千料,可载五六百人;小者二千料至一千料,亦可载二三百人"。

宋朝海商将他们的商船开至马来群岛,穿过马六甲海峡,驶入孟加拉湾,然后入印度洋,经印度洋进入阿拉伯海与波斯湾,再沿着阿拉伯半岛海岸进入红海,或越过苏伊士地峡入地中海,打破了原来由阿拉伯商人控制的航线。宋王朝也继续鼓励海外商人来华贸易,朝廷还在广州、泉州等港口设立"望舶巡检司"。南宋《诸蕃志》记载有从中国泉州到埃及的航线。

中国古代航海史上,郑和远航规模最大,堪称中国古代航海事业的巅峰。

6. 应客观比较郑和航海与欧洲大航海

东西方航海同样是人类走向海洋、走向世界的开拓行为。两者都对促进不同国家之间的交往和融合发挥了积极的作用。但东西方航海是在完全不同的历史背景和地理条件下进行的,两者各具特色,主要差别如下。

(1) 航行背景和任务

欧洲的大航海，又称地理大发现，是15—17世纪时期，欧洲的船队受经济利益与政治利益的双重驱使在世界各处远洋探索中发现当时在欧洲不为人知的国家与地区。如达·伽马开辟印度航路、哥伦布发现美洲大陆、麦哲伦发现海峡并首次绕行地球一周航行等。与欧洲大航海相伴的是探险，所以往往只有少数船只和船员能够返回。

郑和航海是永乐年间太平盛世的体现。受大明皇帝派遣，对相关国家进行访问，航线是既定的，郑和航海没有开辟航线的任务。据费信《星槎胜览》记载，最远的天方国"其国自忽鲁谟斯四十昼夜可至"。郑和航海没有遇到像麦哲伦一样数月不知方向、食物淡水耗尽、船员不断病死的危险状况，所以每次总能安然返航。

(2) 船队规模

航行任务和路线决定了舰船的要求和船队的规模。对比郑和的船队和哥伦布的船队，简直是航空母舰和游艇的区别。哥伦布第一次航行有3艘船，旗舰"圣玛利亚号"排水量仅100吨，哥伦布自己也说"这是一艘和探险事业不相称的破烂船"。达·伽马开辟印度航路的船队只有4艘船，船员约有160人。麦哲伦的环球航行只有5艘船，船员总数为265人。

而郑和船队据《明史·郑和传》和马欢的《瀛涯胜览》记载："永乐三年六月，命和及其侪王景弘等通使西洋。将士卒二万七千八百余人，多赍金币。造大舶，修四十四丈、广十八丈者六十二。"折算成今天的公制，宝船长约150米、宽约61米，排水量估计达到2万吨以上。

如此庞大的船队，沿途给养、停泊都是巨大问题，所以仅仅适合于航向固定、航程不太远、大部分时间沿岸的航行，显然无法进行探索航线的远行。

(3) 船队到访方式

欧洲大航海的目的之一是扩大殖民地，所以航行伴随着目的地的冲突、征服和占领，欧洲大航海开启了非洲奴隶贩卖的历史。欧洲航海家带给原住民的常常是杀戮和疾病，因此，大航海史也是一部大侵略史。

郑和七次下西洋让全世界知道还有一种完全不同于西方殖民者的航海，郑和航海受到了所到各国王室的欢迎。中国与他国进行公平甚至赔本的贸易，完全没有掠夺财物、占领土地的要求，因此建立了和平的海上环境。

7. 郑和七次下西洋没有产生应有的世界影响力令人痛心

欧洲的大航海从 15 世纪葡萄牙、西班牙肇始，后来法国、荷兰、英国加入。那时，人类知识总合中已知的陆地面积只占全部陆地的 2/5，航海区域只有全部海域的 1/10；但到了 17 世纪末，9/10 的陆地和海域已经进入人类视野，以后对北冰洋和南极的探索也是对欧洲大航海的延续。远洋探索使跨洋商业活动空前扩大，海外贸易累积的财富助推了欧洲人在美洲和亚洲的殖民事业，促进了资本主义与工业革命的发展。

郑和开创的大明航海事业短短 30 年即戛然而止，没有对大明经济产生积极影响。由于航行范围小、持续时间短，加上文献的损失，郑和的航行没有对世界产生深刻的影响，这是令人痛心的。

朱元璋建立明王朝之后厉行海禁，"明祖定制，片板不许入海""敢有私下诸番互市者，必置之重法"。朱棣时代，在郑和下西洋的壮举耀兵异域、招徕朝贡的同时，明王朝却对民间航海与海外贸易实行非常严厉的禁制，其实是想将民间海上贸易收归国有。

郑和时代，朝贡贸易"厚往而薄来"，并不是一种建立在平等互利基础上的交易，而是高价收购外来番货（多为香料、珍宝等高档消费品），低价出售中国的货物，其目的仅仅是显示中国的强盛与富有，经济上是入不敷出的。郑和每一次下西洋，都要耗费大量的国库资财，如此很难长久维持。因此，在宣德年间最后一次航行之后，郑和的远航就戛然而止，郑和下西洋的档案文书被焚毁，庞大的船队也不知所终。七次下西洋没有给大明带来经济效益，也没有使中国航海事业从此壮大。当欧洲地理大发现促进欧洲资本主义蓬勃发展时，明清中国却闭关锁国长达数百年，这不是航海技术的问题，而是海洋意识的问题。中国人认识和建立海洋意识的过程，用了 100 多年的时间。

旅途思考

郑和的航海档案为什么消失了

郑和航海资料的消失迷雾重重。以前一直说明宪宗时，有太监劝宪宗效仿明成祖，重新下西洋。兵部尚书刘大夏认为："三保下西洋时，所费钱粮数十万，军民死者亦以万计，纵得珍宝，于国何益？此大臣所当切谏。旧案虽在，亦当毁之，以拔其根，尚足追究有无邪？"于是就焚毁了相关资料，但正史对此并无记载。明代一些私人书籍对此说法不一，顾起元《客座赘语》说刘大夏焚毁了郑和下西洋的档案，万表《灼艾余集》、严从简《殊域周咨录》则只记载刘大夏藏匿郑和下西洋的档案。一些学者不认可刘大夏的焚毁说，而提出了新的见解。

明史专家、南京大学潘群教授提出疑问：刘大夏是明朝中期的一位重臣，先后辅佐英、宪、孝、武 4 位皇帝，是德高望重的四朝元老。其人做事果敢，在宫廷的改革和黄河的治水方面建立了不少功勋。以刘大夏的身份地位，他虽然对郑和航海有微词，但不可能私自干这样的事，况且明代对私自毁匿档案有严苛的刑律。

著名学者韦庆远先生则认为："明代档案所以保存不多，一因明清之际的战乱，二因清代乾隆时期修撰《明史》之后，按照当时惯例，对所依据的档案史料往往弃置甚至烧毁掉。"因此，郑和档案可能是到了清代才消失的，这当然也仅仅是臆测。

但无论如何，郑和航海资料荡然无存已经是事实。由于资料的缺失，郑和船队到达过的国家和地区一直存在争议。

13

南极和北极极地探险

人类的大航海和地理大发现兴起于15世纪后期，先驱者是迪亚士、达·伽马和卡布拉尔，16—17世纪达到顶峰，以哥伦布、麦哲伦、德雷克为代表，最后由库克圆满收官。18世纪后，全球的大航海和地理大发现基本上告一段落，航海地图已经趋于完善，人们对整个地球已经了如指掌。唯一的例外是人们对南极仍然一无所知，连它是一个岛还是一个大陆都还在争议不休。

人们往往将北极（Arctic）和南极（Antarctic）相提并论，其实两者有本质上的不同。

北极和南极首先是个地理上的概念。北极是指地球自转轴的北端，也就是北纬90度的那一个点；同样，南极指的是地球自转轴的南端，也就是南纬90度的那一个点。

但北极圈和南极圈的概念就很不一样了。

北极地区是指北极附近北纬66度34分（北极圈）以内的地区。北极圈内有丹麦领土格陵兰岛的一部分，还有芬兰、美国、加拿大、俄罗斯等国家的一部分领土，因而一直有人类活动。即便在终年冰冻的北极圈内，因纽特人（旧称爱斯基摩人）也在这里世代繁衍，更何况美国、俄罗斯等国家在此开展极地运动等，北极圈离公众视野并不远。

南极则不同，人们一直不知道地球最南端的土地的状况。18世纪以前，南极圈内和南极圈周围都没有人类活动。

对于南极被发现的时间，目前有很多种说法，但现在一般认为南极大陆到19世纪才被真正发现。比较受到公认的人类在南极开展的早期活动如下。

1577—1578年，英国航海家德雷克环球航行时意外发现大西洋与太平洋相接的海道，即现在南美洲与南极半岛之间的必经通道，以德雷克名字命名的德雷克海峡。但是，德雷克没有深入南极地区。

1772—1775年，英国航海家库克于1773年首次南下跨越南极圈，驶至离南极大陆仅130千米的地方遇冰折返，并于1772—1775年间环绕南极大陆航行4圈。他被认为是历史上第一个真正从事南极探险的航海家，他到达地球南部最高纬度的记录——南纬71度17分一直保持半个世纪无人打破。

但库克关于南极的相关理论在历史上留下的却是负面影响。原因之一是库克武断地认为人类不可能到达更南的区域，库克的权威论断打击了人们南极探险的积极性，致使南极探险沉寂了很长时间。库克带来的另一个负面影响是他对南极地区的描述尽是鲸鱼、海豹、海狮

阿蒙森

等的丰富和其经济价值，立即吸引了各国的捕猎兴趣，在以后的很长一段时间，到这里的船队都是奔着猎捕动物而来的亡命之徒。

关于南极探险，俄罗斯、英国、法国都有很多探险家参与，其中比较著名的几位如下。

俄罗斯航海家别林斯高晋（Bellingshausen）据说是第一位看见南极大陆的人，时间是1820年1月27日。不过，人们公认的是他率领探险队在1821年1月21日发现南极圈以内的陆地。

1839—1843年，英国探险家詹姆斯·克拉克·罗斯（James Clark Ross）三闯南极水域，发现了现今的罗斯海（Ross Sea）、罗斯冰架（Ross Ice Shelf）和罗斯岛，他深入南纬78度16分，打破了库克当年的极限，并将这一记录保持了50多年。

自此，南极探险的白热化竞争开始了，仿佛珠穆朗玛峰登顶的竞赛，关键是谁能最先到达南极极点，也就是南纬90度。

1911年，到南极点的竞赛发令枪打响了。最先接近终点的是挪威探险家阿蒙森和英国探险家斯科特。

阿蒙森－斯科特科考站

阿蒙森，全名罗阿尔德·阿蒙森（Roald Amundsen，1872—1928），是挪威极地探险家。挪威维京人是航海和海盗的先驱。

阿蒙森出生于挪威南部萨普斯堡，年少时的志愿是当医生，长大后决定献身航海和探险，曾经在一艘航行于北极海域的商船上工作过。以大副的身份参加了1897—1899年首次南极越冬探险。

阿蒙森坚信北美大陆以北有一条连接欧亚的航道，但这条假想的西北航线已经困扰航海家达300年之久，因为从未有任何一条船能够完成这一航程。

阿蒙森装备了重达45吨的坚固的"格约亚号"，船上有风帆和一个13匹马力的引擎。1903年6月，阿蒙森带领6名船员从挪威奥斯陆峡湾出发，向北开始远航寻找西北航线。他的船队深入北极圈的威廉王岛安营扎寨，度过了两个冬季，并在马更些王岛上又度过了一个冬季，终于在1906年8月突破最后一段航线，宣布西北航线航行成功。

阿蒙森是真正的科学探险家，航行中收集了有关地磁和北磁极准确位置的大量科学数据，甚至搜集了北极地区因纽特人的人种学资料。

踌躇满志的阿蒙森的目标是征服北极点和南极点。正当他谋求经济资助之际，1909年9月传来了美国人罗伯特·皮尔里和弗雷德里科·库克已经抵达北极点的消息。而同时到达的消息是，英国基地探险家罗伯特·福尔肯·斯科特率领的船队正在向南极点进发。

阿蒙森的好友南森及时为阿蒙森提供了"前进号"舰艇，阿蒙森率队日夜兼程与斯科特进行冲刺赛跑。

登陆开始了，阿蒙森与4名伙伴、4部雪橇和52条极地犬于1911年10月19日离开鲸湾安营扎寨点。而几乎同时，斯科特已经来到麦克默多海峡宿营地，准备登陆南极。斯科特的路线是他的英国同胞沙克尔顿于1908年标注清楚的，而阿蒙森对鲸湾与南极点之间的地形一无所知。

阿蒙森率领的探险队穿越遍布危险的冰川，终因上帝眷顾，遇上好天气，加上技术精湛，探险队终于在1911年12月14日到达南极点。他们扎下帐篷度过了3天，于12月17日离开，离开时在极点插上了挪威国旗。

阿蒙森在探险史上获得了两个"第一"：第一个到达南极点，第一个航行于西北航线。

再回头说说阿蒙森的竞争对手斯科特。斯科特全名罗伯特·福尔肯·斯科特（Robert Falcon Scott，1868—1912），是一位英国极地探险家。斯科特曾在英国海军服役，1900年第一次到南极洲探险，发现并命名了爱德华七世半岛。

1910年6月，斯科特乘坐"特拉·诺瓦号"从英国启程，斯科特的探险队包括斯科特、爱德华·威尔逊、亨利·鲍尔斯、埃德加·埃文斯、劳伦斯·奥茨5人。

1912年1月17日，历尽艰险的斯科特一行到达南极点。但他们发现阿蒙森的挪威国旗已经在那里飘扬，探险队心情沮丧地踏上了归途。在返回途中，他们遭遇了历史上最强的低温。队员埃文斯因精神失常死去，奥茨因患严重冻伤不愿连累别人而离开队友独自走向死亡。斯科特等剩下的3个人扎营躲避恶劣的天气，但终于在1912年3月29日这天全部遇难于距宿营基地20多千米处。他们的遗体连同日记在6个月后才被发现，斯科特的日记记到了他死去前的最后一天，旁边还有他写给妻子的遗书。后来，斯科特被英国国王追封为骑士。今天，人们以"阿蒙森－斯科特"来命名位于南极地区的工作站。

在南极冰原跋涉　凭吊南极探险者

在南极探险活动中，我们还不能忘记另外一位英雄——英国探险家欧内斯特·亨利·沙克尔顿（Ernest Henry Shackleton, 1874—1922）。

1914年12月5日，沙克尔顿率领的英国皇家探险队从阿根廷南端的南乔治捕鲸站搭乘"坚忍号"舰艇（The Endurance）向南极进发，企图创造徒步穿越南极洲的记录。船队船员是从5 000名志愿者中招募的，包括船员、科学家、气象学家、医生、木匠等28人。

不料出发仅仅1个多月后的1915年1月，在前往南极大陆的航行中,"坚忍号"在南纬74度附近被浮冰围困,不仅无法行进,还被浮冰裹挟着带往北方,离目的地愈来愈远。8个月后,"坚忍号"终于在浮冰群的挤压下破裂毁坏。沙克尔顿命令全体人员弃船,从冰面上步行撤退,他们离船3天后,"坚忍号"沉没在冰海深处。

沙克尔顿率领队员们拖着救生艇和全部物资在冰上朝着大陆方向步行,以平均每天2千米多的速度前进了几个月,直到1916年1月,在一块冰原上建立了简易居住点,沙克尔顿把它命名为"耐心营地"。他们猎食海豹与企鹅,展开了一场与大自然搏斗的雪地求生战斗,甚至不得不杀死伴随他们的60多只雪橇犬作为食物。

又过了3个月,1916年4月9日,沙克尔顿一行人在浮冰碰撞中分乘3艘救生艇,冒着被极地风浪吞噬的危险,花了7天时间转移到距离最近的象岛(Elephant Island),这是他们遇险1年零4个月后首次踏上陆地。

8天后,沙克尔顿让其他人原地待命,他亲自带领5人搭乘改造加固的"詹姆斯·凯尔德号(James Caird)"救生艇离开象岛,在茫茫大海中驶向南极地区可能有捕鲸站的海岛寻求援助。剩下的22人由弗兰克·怀尔德领导留在象岛。

沙克尔顿一行在海上艰难航行了1290千米,历时17天后到达南乔治亚岛西岸,此时救生艇已经损坏,而目标中的捕鲸站却位于岛的另一边。沙克尔顿和两位同伴登岸,为避免低温丧命,他们必须不停地行走,36个小时后,他们终于见到了捕鲸站人员,此时他们已经突破人类生理极限,奄奄一息。

在捕鲸站的帮助下,1916年5月20日,沙克尔顿驾驶捕鲸船接上在南乔治亚岛西岸等候的3人,准备返回象岛救援剩下的22个队友。但风暴、海浪和浮冰使他们在4个月内返回失败4次,直到智利借给他们一条名叫"叶尔秋"的拖船,他们才能继续航行。1916年8月30日,沙克尔顿成功与剩下的队友会合,驾驶拖船将全体船员安全送到智利篷塔亚雷拉斯港口。1917年年初,沙克尔顿带领队友返回了英国。

沙克尔顿的南极探险没有取得任何成就,但出发时的28人,在经历了南极22个月、近700天的生存斗争中,战胜了浮冰、风暴、低温、饥饿,全部活着回来了!

获救返回的沙克尔顿怀念南极的探险生涯,1921年年底,他与死里逃生的5位同伴沃斯利、麦克林、格林、赫西和弗兰克·怀尔德重返南极缅怀故地。沙克尔顿又进行了一次极地探险,此次探险的目标

是环游南极洲以绘制其海岸线图。探险船于1922年1月4日到达南乔治亚岛。次日凌晨,沙克尔顿因心脏病发作去世,享年47岁。应他妻子的要求,他被安葬在南乔治亚岛上。

2000年,美国、英国、德国、瑞典合作将沙克尔顿的事迹拍摄为纪录片《坚忍号:沙克尔顿的传奇南极远征》。影片很感人,当探险发生不可抗拒的意外时,沙克尔顿迅速将目标调整为保护每个人的生命,他的领导、决策能力和惊人的意志使团队避免了航海史上长期封闭于狭窄空间、疲惫、饥饿和无望时常见的内乱、丧失信心、无序争斗等现象,创造了人类探险史上的生还奇迹。

即使失败,沙克尔顿仍旧被认为是一位伟大的极地探险家。人们评论他说:他不因成功而伟大,却因失败而伟大。

19世纪以后,南极资源开发利用的竞争日益激烈。经过各方协商,《南极条约》(The Antarctic Treaty) 得以签署,条约中规定南极洲是指南纬60度以南的所有地区,包括冰架,总面积为5 200万平方千米。条约的主要内容是:南极洲仅用于和平目的,促进在南极洲地区进行科学考察的自由,促进科学考察中的国际合作,禁止在南极地区进行一切具有军事性质的活动及核爆炸和处理放射物,冻结目前领土所有权的主张,促进国际在科学方面的合作。

中国于1983年6月8日加入《南极条约》组织。1991年6月23日,《关于环境保护的南极条约议定书》在西班牙马德里通过,签字国将在未来50年内对南极生态保护承担义务,包括中国在内的26个国家签署了该议定书。2001年7月,第二十四届南极协商会议决定将《南极条约》常务秘书处总部设在阿根廷首都布宜诺斯艾利斯。因此,所有国家关于南极科学考察的相关手续都必须在布宜诺斯艾利期办理。

1984年6月,中国成立了第一支南极考察队。1985年2月,中国在南极洲乔治岛上建立了中国南极长城考察站,同年10月7日,中国又获得《南极条约》协商国资格。1989年2月26日,中国在南极圈内的普里兹湾建立了中国南极中山考察站。

在一生当中亲眼去看一看企鹅和北极熊,是很多人的夙愿。

先说到南极看企鹅。

尽管南极不属于任何国家,但所有国家关于南极科学考察以及旅游的相关手续,都由设在布宜诺斯艾利斯的阿根廷机构办理。到南极旅游的船只,也几乎都是从火地岛出发。如果你的南极之旅不以到达极点为目的,而主要是看极地风光,如浮冰、冰山、企鹅和海豹,那么乘坐南极旅游船是最佳选择,唯一的不足是邮轮通过德雷克海峡时会带给你翻江倒海般的眩晕。澳大利亚也有邮轮，但距离较远。

但如果你害怕晕船，或者不想花费太多时间，也可以乘坐飞机飞到南极，当天即需返回，因为南极是不会有酒店的。你也可以乘坐飞机直接到南极极点，但能看到的冰山和企鹅极为有限。

我的南极之旅也不以到达极点为目的，所以我选择在11月、南半球的春末夏初乘船旅行。

我从阿根廷火地岛乌斯怀亚（Ushuaia）搭乘以科技考察船改成的邮船，越过德雷克海峡驶往南极大陆。整个行程用时11天，邮船包含一日三餐，总共花费不到3万元。前往南极旅行，通常不叫作旅行团（tour），而改成听起来"高大上"的"邮轮旅程"（cruise），甚至有叫"远征"（expedition）的。

乌斯怀亚有世界尽头之称，是世界最南端的城市。城市依山面海而建，湛蓝的海水与黄色房屋相映成趣。11月正值南半球生机盎然的

巴布亚企鹅

南极冰山

13 南极和北极极地探险

企鹅列队欢迎科考船

南极科考站

作者在南极

初夏，鲜花盛开，远处的雪峰是摄影的好背景。

起航是在 18：00，邮船经过著名的毕哥水道和麦金莱航道进入德雷克海峡，可以看到著名的世界最南端灯塔。

德雷克海峡是南极辐合带区（环绕南极一周的曲线），极地冷水和北部温水交汇，形成极地自然生物的屏障，所产生的大量养分滋养了该地区丰富多元的生物，德雷克海峡也是许多南极海鸟活动区域的北部界线。德雷克海峡也是世界上最宽和最深的海峡，其宽度为 890～970 千米，最深处为 5 248 米，是大西洋和太平洋的交界处。这里 365 天均风浪滔天，甚至使许多船只葬身海底，对于南极旅游的客人而言，经过德雷克海峡更是一大考验，多数人会感到胃中翻江倒海，早早服用晕船药、将自己绑在床上是唯一办法。

不过，渡过德雷克海峡就会风平浪静。如果你足够幸运，还会阳光灿烂。你会看到大大小小的淡蓝色的南极浮冰，如小丘，如山洞，美不胜收。

大家都认为南极寒冷，其实如果不起风且天气晴朗，阳光照射下的南极并不寒冷。

南极旅行多数时候是沿着狭窄的峡湾航行，以南设得兰群岛为主要航行区域。我们的"乌斯怀亚号"首先驶向峡湾火山岛，那里居然有地热温泉。然后我们到了"5月25日岛"（Isla 25 de mayo），又称金乔治岛（king George Island），这是南设得兰群岛中最大的岛屿。南设得兰群岛到处都有野生动物，有大面积的企鹅栖息地，海鸥、燕鸥、帝王海鸭、海燕在悬崖峭壁筑巢。在那里，我们探访了乌克兰科学研究站。我们继续航行到利文斯顿岛（Isla Livingston），看到巴布亚企鹅和海狮。

我们很幸运，赶上天气晴朗，于是邮船航行到美丽峡湾中的赫拉却海峡（Estrecho de Geralche）、诺玛雅海峡（Canal Neumayer）、雷麦瑞海峡（Canal Lemaire），看到了杀人鲸和壮观的冰山。我们每天都有两次机会登陆，印象最深的是天堂湾，从名称你就能想象它的美丽。我们还越过南极峡湾浮冰密布的水面去了保雷特岛（Isla paulet），探访了梅尔却岛（Isla Melchior）、古弗维尔岛（Isla Cuverville）、波塔尔角（Punta Portal）、培雷诺岛（Isla Pleneau），以及巴布亚企鹅最南方的栖息地彼得曼岛（Isla Petermann）。

《南极条约》是1959年12月1日通过并开放给各国签字、批准和加入，1961年6月23日生效的国际条约。公约规定登陆者不得在南极遗留垃圾、废弃物，所以邮船上游客的登陆时间都限制在几小时内，以避免"内急"的尴尬。游客登陆的次数取决于天气，只要天气良好且邮船行驶在适宜登陆的航段，船长都会安排登陆。此时邮船停靠，大家乘坐橡皮艇分批登陆。游客事先要经过短暂的训练，包括下艇时必须坐在艇沿旋转而下，两人相互帮助时要"腕式拉手"，即互相握住腕部，这样不容易拉脱。

到南极，当然要看企鹅，南极的企鹅群往往由数千只企鹅组成。游客应当与企鹅保持5米以上的距离，但南极的企鹅似乎都熟悉对它们有利的保护公约，所以一点都不怕人，会摇摇摆摆走到你面前，萌萌地看着你。但是，你还是不能触摸它们，也不能喂食。

南极最多的是漂亮的巴布亚企鹅（Gentoo），红喙，肚皮羽毛雪白，背部为黑色，像穿着燕尾服的绅士又称"金图企鹅"，体形较大，身长60～80厘米。它们步履蹒跚、憨态可掬，非常令人喜爱。中国人将它们的名字译为"绅士企鹅"。绅士企鹅会用肚皮从雪地高坡向下滑行，有时也会跳跃。它们引吭高歌时嘴巴朝天，声音很像鹅叫。

成群的企鹅还有体型最小的阿德利（Adelie）企鹅，体形肥胖。另一种帽带企鹅（Chinstrap penguins）体型居中，肚皮雪白，背部和头部为黑色，这种企鹅在下颌处有一条白色的颊带，如果它抬起头，从正面看上去是一副咧嘴大笑的滑稽样貌。

如果地点和时间适宜，也可以看到体型更大、胸脯前有耀眼黄色

13 南极和北极极地探险

羽毛的帝企鹅，但我们看到的多数是傲然站立在浮冰上的几只帝企鹅，难以看到企鹅群。

至于因麦哲伦得名的麦哲伦企鹅，因为它们是温带企鹅，所以主要分布在南美洲阿根廷、智利等沿海，在澳大利亚墨尔本也能看到，在南极反而看不到。

企鹅的天敌是海豹。这些海豹喜欢在岸上晒太阳睡觉，几个小时一动不动，像一块块黑色的岩石。但它们睡醒了便翻身入水，潜游在水中灵活如箭，猛一转身，咬住一只游泳的企鹅，清澈的海水顿时鲜血淋漓。除了海豹，南极也有海狮。邮船行驶过程中，不时会有杀人鲸从船边掠过，通常能清楚地看见鲸鱼的背鳍和喷出的水柱，但不容易拍到整条鲸鱼。杀人鲸是虎鲸（Orcinus orca）的别名，这种鲸身体黑、白两色，头部椭圆，有高而直立的背鳍，身长8～10米，体重可达8～10吨。我问船上的专家，这么漂亮的鲸为何得了杀人鲸这个恶名？他说杀人鲸是食肉动物，牙齿锋利、性情凶猛，很善于进攻猎物。其实，杀人鲸主要捕食企鹅、海豹等海洋动物，有时甚至袭击其他鲸类，但它吃到人的机会大概不多。

南极海鸟很多，有时还可看到鸟蛋和鸟巢，在南极海岸的礁石上有极少的橙黄色苔藓，真不知道这些鸟儿是从哪里弄来干草筑巢的。最著名的海鸟是仅仅存在于南极的南极贼鸥（Catharacta maccormicki），它们的样子就像普通海鸥，但体型略大，羽毛呈灰黑色。贼鸥名声不佳，它们性格剽悍，一旦发现有"外族"入侵，会立即凶猛决战，绝不宽容。贼鸥亲鸟外出觅食时，"邻居"贼鸥常常猎杀同类幼鸟。贼鸥通常一次诞下2只蛋，先孵出的兄长不仅会抢先夺去父母带来的食物，还会在父母外出时赶走甚至残杀弟妹。我一直想能否将控制贼鸥这一行为的基因检测出来，与凶残的杀人凶手做个同源性比对。

按照原定计划，我们想访问中国的长城站，但洋流导致邮轮改变了航向，所以我们实际登陆访问的是乌克兰和英国合作建立的韦尔纳茨考察站，这里是南极臭氧空洞被第一次发现的地方。我们分两组登陆，进入研究站。研究站外竖立着一个标牌，指示着离世界各地的距离，其中离东京是16 411千米。数不清的企鹅终日矗立在工作站门外，仿佛卫士。此外，我们还访问了已经被遗弃的捕鲸站，提炼鲸油的巨大锅炉和储油罐仍然高高耸立，但已红锈斑斑，成为白色背景下的明显地标。不远处，分散着几个木制十字架，我看了上面的字迹，主人是死于20世纪20年代的英国捕鲸者。

到北极圈旅行非常容易，你可以从不同的国家，如芬兰、挪威、

芬兰的北极圈标志

13 南极和北极极地探险

美国阿拉斯加

美国、加拿大等进入北极圈,看到北极熊却很难。

现在,芬兰的北极圈已经成了热门旅游目的地,不仅因为容易到达,还因为这里的北极村是圣诞老人的家。

从芬兰首都赫尔辛基乘坐火车,在车上睡一觉,凌晨就可以到达罗瓦涅米(Rovaniemi)。8千米外,就是位于北极圈内的圣诞老人村(Santa Claus Village),另外还有一个娱乐主题的圣诞老人公园(Santa Claus Park)。圣诞老人在他的办公室接见客人,与客人合影。旁边的邮局倒是一片繁忙,除了游客自行寄出明信片,还可以预约圣诞老人在圣诞节前寄出以各种语言文字写成的信。

在圣诞老人村,有标有与世界各地距离的路标,到北京是6 622千米。北极圈有一条标志线,你可以踏在线上,很骄傲地留影,告诉大家你跨进了北极!

罗瓦涅米是个美丽的小镇,夏天可以遇到极昼,看午夜太阳下的美丽城市。这里难以看到北极冰雪,当然更看不到北极熊。

我决定从美国阿拉斯加进入北极圈,去看北极熊。

有很多航班可以飞到美国阿拉斯加的安克雷奇。阿拉斯加最负盛名的德纳利国家公园(Denali National Park)距安克雷奇约200英里(1英里≈1.61千米),开车需要4.5小时。德纳利国家公园范围很大,不是一两天可以看完的。德纳利国家公园不准私家车进入,只能乘坐公园专用巴士。公园根据目的地远近有不同的旅游线路,门票连同车票,便宜得像白送。最经典的是到旺德湖(Wonder Lake)的线路,那里是欣赏

冻住的小船和北极熊警戒标志

麦金利山的绝佳位置。巴士会在每一个重要的景点停下来,让大家在观景台上拍照留念。但当汽车行驶的时候,你会为道路狭窄、上下坡、急转弯而紧张不已。德纳利国家公园以巍峨的麦金利山为标志,麦金利山海拔6 193.5米,是北美最高峰。这里地理环境复杂,终年积雪的山峰在阳光下发出耀眼光芒,千年形成的厚厚冰原如同铺开的白色棉毯;盆地一样的草甸上,积雪融化的溪流曲折蜿蜒。这样的地方当然动植物丰富,德纳利国家公园也是世界上最著名的野生动物保护区。

在向导的指引下,我们寻找着野生动物——翱翔的秃鹰和雪鸮,地上的麋鹿、美洲驯鹿、山羊、白极狼、灰熊和棕熊。巴士上坐在我旁边的是一位美国老人,他告诉我,白极狼是极为罕见的,棕熊是阿拉斯加的三种熊之一。

我问,能看到北极熊吗?导游说可以。没多久,我们就远远地看到北极熊在缓慢地行走,但距离太远,角度也不对,我无法拍到满意的照片。

美国老人告诉我,人们到德纳利国家公园来,排名前三位的目的是看山、灰熊和野狼。他还告诉我,现在公园野狼的数量在锐减,游客看到野狼的概率已经大大减小。

在哪里可以近距离地看看北极熊呢?我终于知道答案:加拿大的丘吉尔镇是唯一在人类活动地域内可以观看到野生北极熊的地方。

我从加拿大曼尼托巴省省会温尼伯动身乘火车到北方海港丘吉尔镇,行程总共为1 700千米。要是乘坐国内高铁,这样的距离顶多用7、

作者在加拿大丘吉尔

因纽特人的图腾石

8小时，我们却整整走了45小时。因为车要走走停停，加拿大人乐于在有餐车、空调的火车上仔细观赏沿途景色。他们说："飞机是用来旅行的，火车是用来观光的。"所以这趟火车是"哈德逊线"观光列车，我只买到硬座，往返花费373加元。

火车于12：05出发。加拿大的田野异常辽阔，一眼望过去一片平坦。时间是深秋，除了一些高大的树木外，地面没有什么绿色植物。火车向北行驶半天以后，刚刚看过壮美的晚霞，天空便开始飘雪。一觉醒来，已经是冰雪世界，雪地里的白桦树成了素描画，远处大地上散落着灰绿色的湖泊。

第二天12：00多，火车到达汤姆森镇（Thompson）。这是途中的一个大站，火车要在此停靠近4小时，于是我们步行到镇里，抄近路时必须在过膝的雪里跋涉。吃着热餐，喝着啤酒，愉快地交谈，我惊讶地得知这个小镇里居然还有一所大学。吃饱喝足，再跋涉回到火车上。16：00多，火车再次出发，穿过漆黑的夜，第三天9：00，火车到达丘吉尔镇。

许多人是冲着哈德孙湾（Hudson Bay）来丘吉尔的。哈德孙湾是北冰洋伸入北美洲大陆的海湾，南北长1 375千米、东西宽约960千米，面积为81.9万平方千米，平均深度约为100米，最大深度为274米。哈德逊湾地处北纬51度至64度之间，气候严寒，海水10月开始结冰，直到次年8～9月冰雪才能消融，所以海湾大部分时间海面封冻或遍布浮冰。冬季，北极熊要到哈德孙湾生活，每年10月底到11月，北极熊纷纷从内陆汇集到这片冰原等待海湾结冰，然后在冰上捕猎。在此之前，据说北极熊可以饿很长时间，但不会整个冬天冬眠。所以10月底到11月是在丘吉尔镇观察北极熊的最佳时机，丘吉尔镇也被称为"北极熊乐园"。

我预订的小旅馆熊之乡旅馆（Bear Country Inn）距车站仅仅400米，这使我踏着深雪的行程变得容易。

13：00，旅馆主人约翰——一位约60岁的当地人开车带4位游客游览，到海边寻找北极熊。开始我们看到两只北极熊，后来又看到一只北极熊与许多爱斯基摩犬相互对峙，然后缓缓远去。北极熊的样子与棕熊区别很大，北极熊头部相比棕熊而言较长而小，耳小而圆，颈细长，所以看起来头颈身体浑然一体。北极熊的毛外观上通常为白色，但在雪地里看着多数呈淡黄色。棕熊是杂食动物，而北极熊是绝对的肉食动物，体重达1 800磅（1磅=453.59克），站起来有10英尺（1英尺=30.48厘米）高。丘吉尔镇处处是警告"熊出没"的标志，据说

北极熊幼崽

行走中的北极熊

每年都会有 20 多人受到北极熊的攻击。

近距离观察北极熊的最佳方式是参加"冰原马车"之旅,冰原上怎么可能走马车?实际上,这是一种冰原上专门的车辆,车为白色,像大客车,但车轮有一人高,轮胎巨大并有深深的防滑条纹。乘客上车后车辆即为封闭状态,高高的车厢并无阶梯,可以有效防止北极熊攀爬上车。车厢内有 19 个双人座位,分成左右两排,车厢后部有燃烧的壁炉用于取暖,还有一个单人卫生间。车厢的窗子均为铁制小格,上层可以向下拉开。车厢后部有门通向一个开放平台,在安全的地方,游客可以走到平台上摄影。

"冰原马车"巨大的车轮压在冰层上,发出冰的碎裂声,有的地方在冰原下有清澈的流水。车辆不时邂逅北极熊,它们并不怕人,仍然在雪地上或行走或坐卧。我们的"冰原马车"停在距它们十几米的地方,车子可以停留很长时间,供游客尽情拍摄。胆大的北极熊还会绕着我们的汽车走到车前、车底,大概还想攀爬上车,以便把我们当作食物。北极熊似乎不怕冷,睡觉时也会不时翻身,我们还看到北极熊跳跃和打滚。北极熊家庭在一起时,母熊对小熊非常照料,它们憨态可掬,场面也很温馨。

早上出发时天气晴朗,14:00,预报的暴风雪如约而来。风雪弥漫,灌木丛弯腰颤抖,风声猎猎,北极熊霎时隐没于一片白茫茫中。司机艰难地识别方向、选择道路,我们则在温暖的车厢里喝着饮料、吃着食物,幸福感满满。

风雪中的北极熊

丘吉尔镇的魅力不止于此。丘吉尔是加拿大历史上最古老的城市,因纽特人世世代代生活在这里,他们以捕鱼(鳕、鲑、大比目鱼)和狩猎(海豹、海象、北极熊)为生。当地人说,丘吉尔镇有三个季节:7月、8月和冬季。但对游客来说,它有三个季节:夏季观白鲸季、冬季看北极熊季和一年四季追寻北极光季。我去了丘吉尔北方研究中心,研究中心的建筑很雄伟,很多学者来此研究极地。研究中心有一个球形透明穹顶,有利于观察北极光。据说丘吉尔一年有300天可以看到北极光,因此在我离开的那天有了瑰丽一瞥。

电影《非诚勿扰2》里有个桥段,有人问为什么北极熊不吃企鹅?剧中台词是北极熊生活在北极,而企鹅生活在南极,它们见不上面。有一次,我们一群搞自然科学研究的学者在一起闲聊。有学者说:"我们要不要把一群企鹅从南极送到北极去,看看会发生什么现象。"大家都笑了。但调侃归调侃,科学家不能做这样的事。南极和北极有独特的生态系统,企鹅、北极熊都是适应极地生存的极端典型。

全球变暖使丘吉尔的冰期变短,也影响了北极熊觅食。研究人员说,自20世纪80年代中期以来,丘吉尔北极熊的数量已从1 200只下降到不足 1 000 只。2020 年 7 月,《自然》杂志甚至预言 2100 年野生北极熊可能灭绝。

旅途思考

南极和北极的探险

17 世纪后期,大航海已经发现了全球 9/10 的陆地和海域,后续的探险行为就是对南极和北极的探索。

南极和北极除了都很冷、都可以看到极光、都有极昼和极夜之外,它们还有哪些不同呢?

南极是一块 95% 以上都被冰雪所覆盖的大陆,总面积是 1 400 万平方千米,约占世界陆地面积的 9.4%,比欧洲和大洋洲面积之和还要大。南极自古就没有人类居住。北极则是由北冰洋和周围冻土区陆地组成的一片区域,北极陆地面积为 820 万平方千米。北极地区人口数约为 700 万,主要是因纽特人。因此,对南极和北极的探险也有很大不同。

先说南极探险。

在地球是个圆球学说的指引下,从 15 世纪开始,航海家们就开始寻找世界最南端的大陆。

1520 年,葡萄牙航海家麦哲伦作环球航行从大西洋到太平洋绕过南美大陆时,在南美洲大陆最南端时命名了火地岛,但他不知道现在的德雷克海峡过去就是南极设得兰群岛半岛和南极大陆。

英国航海家詹姆斯·库克是真正寻找"未知南方大陆"的先驱,从 1786 年开始,库克曾 3 次寻找,并在南极圈内绕地球航行了一周。在 3 次远航中,他发现了新西兰,发现了南乔治亚群岛和南桑德威奇群岛,但他始终没有找到南极大陆。直到 1898 年,挪威航海家包尔赫格列文才第一个登上南极大陆。1911 年,挪威航海家阿蒙森首先征服南极点。

鉴于 20 世纪人们对南极资源的争夺日趋激烈,1959 年 12 月 1 日,阿根廷等 15 个国家联合签署了《南极条约》。

1983 年 6 月 8 日,中国签署了该公约。现在,世界上共有 30 个国家在南极建立了 150 多个科学考察站,中国有 5 个考察站。

再说北极。

人们对北极的探险主要是为了寻找向北的航道。既然地球是圆的，那么理论上只要能够穿越北冰洋海区，必然找得到一条连接大西洋和太平洋的最短航路，这就是航海家希望寻找的东北航线或者西北航线。人类为此花费了长达400年的时间，并付出了惨痛的代价，英国著名航海家库克就是在寻找西北航线的探险活动丧失生命的。

在北极探险中，1594—1596年，荷兰航海家巴伦支曾经3次进入北冰洋，绘制了精确的海图，现在这片领域被命名为巴伦支海（Barents Sea）。

白令海峡位于亚欧大陆最东点的俄罗斯杰日尼奥夫角和美洲大陆最西点的美国威尔士王子角之间，西经169°40′，北纬65°35′，约80千米宽，深度30～50米。海峡连接北冰洋、楚科奇海和白令海，是亚洲和北美洲的分界线。海峡名字来自丹麦探险家维他斯·白令。

1878年，芬兰航海家阿道夫·伊雷克率船队打通了东北航线。1906年8月31日，阿蒙森驾驶船只进入阿拉斯加西海岸的诺姆港，终于打通了西北航线。1909年，美国人皮尔里第一个抵达北极点。

14

回顾一些具有历史性意义的航行

在太平洋中部，有一个很有名的岛群——波利尼西亚，地图上显示其为一个巨大的三角形，顶角是夏威夷群岛，两个底角分别是复活节岛和新西兰。从地理上说，波利尼西亚包括夏威夷群岛、图瓦卢群岛、汤加群岛、社会群岛、土布艾群岛、土阿莫土群岛、马克萨斯群岛、纽埃岛、萨摩亚群岛、托克劳和库克群岛、莱恩群岛、菲尼克斯群岛、约翰斯顿岛、瓦利斯和富图纳群岛、皮特凯恩群岛、贾维斯岛、迪西岛、复活节岛等。从国家行政划分上说，除图瓦卢、萨摩亚和汤加已独立，库克群岛和纽埃岛内部自治外，其余多数属于美、英、法等国的海外领地，例如法属波利尼西亚，即塔希提。从人口上说，约有400万人（2015年），多为波利尼西亚人。官方语言除法属波利尼西亚为法语外，多为英语。从体质人类学的角度来看，波利尼西亚人有共同特点：中等身材，皮肤暗棕色，体毛略多，高颅，面部高阔，鼻骨突出，眼眶较高，正颌。

因没有在这些岛屿上发现远古人类生存或活动的痕迹，且这些岛屿的面积都太小，人类群体不大，不足以满足人类祖先演化，所以目前形成的共识的是波利尼西亚人都是外来移民。

但波利尼西亚人的祖先来自何方？学者们已争论了数百年之久，很多学者认为其来自台湾岛一带，也有人提出波利尼西亚人起源于美

洲的说法。我也曾与宿兵、金力等学者合作发表过以 Y 染色体上相关标记研究波利尼西亚人起源的论著（*Polynesian origins: Insights from the Y-chromosome*）。

出于对这片神秘区域的兴趣，我花了很多时间到波利尼西亚群岛旅游，去了两个最有名的大岛——塔希提和复活节岛，也去了汤加、斐济、基里巴斯、瑙鲁、瓦努阿图、所罗门、萨摩亚、美属萨摩亚等岛屿。

这些地方与中国的时差都只有 4 小时，但实际距离很远，要从新西兰奥克兰或澳大利亚布里斯班转机。

汤加首都努库阿洛法没有多少特色，但有一个景点——风洞（Blow Hole）非常壮观。阳光下海水湛蓝，有一个个田块状的石滩，海浪扑来，惊涛拍岸，溅起白色水柱。路上还有一个景点，黑压压的一大片蝙蝠挂在树上，场面说壮观或者恐怖都可以。有些蝙蝠生活在黑暗的洞穴里，作为病原体的携带者或宿主，它们把病毒传播给人、动物和植物，但蝙蝠本身不会致病。

三块石是汤加的历史遗迹，是汤加几个岛国酋长的会盟标志。附近还有汤加国王宝座的巨石后屏。传说中汤加是以胖为美的国家，我们在那里确实看到不少肥胖的人，但是后来我们看到其他岛国的人，觉得他们的肥胖比汤加有过之而无不及。

我们乘坐小船往返于太平洋各小岛之间

汤加的风洞奇观

从汤加到斐济飞行1.5小时，我们到了斐济首都苏瓦。在这众多岛国中，斐济是发展得最好的一个国家，周围的居民都会到斐济来上大学。楠迪是斐济的旅游镇，以花卉和庄园、海滨景色著称，由于游客众多，这里很是热闹。镇上古树参天，兰花园内处处是兰花，据说可以同时看到2 000种，且一年四季不断。

韦谢谢村（Weseisei）号称斐济第一村，不仅这里的几位酋长担任过斐济总统，据说这里还是传说中斐济人最先登陆和最先接受基督教的地方。所以这里有教堂、墓地，酋长的草屋位于广场正中。

作者与波利尼西亚的孩子们

斐济的波利尼西亚音乐家

在村里，我们看到一种叫作面包树的乔木，其果实绿色，像一个大柚子或足球。吃晚餐时，餐厅有面包果，口感竟酷似面包。据介绍，面包树果实切开呈片状，晒干，过油炸即可食用。

斐济的印度移民已占人口数的40%，移民中还出过前任总理。苏瓦市中心有太平洋地区最大，也是最漂亮的印度庙宇，五彩缤纷。

很早就听说斐济无癌症，我向导游和开餐馆的中国人打听此事，都说得煞有介事，但我仍持异议，因为癌症的发病率与寿命有关，而我们不知道斐济的平均寿命。

从楠迪到基里巴斯塔拉瓦岛又是3小时的飞行，基里巴斯直接使用澳大利亚货币。

基里巴斯横跨赤道和国际日期变更线，在中太平洋上占据了520万平方千米的海域，系由分属三个群岛（吉尔伯特群岛、凤凰群岛和莱恩群岛）的33个岛屿组成的国家，首都塔拉瓦在吉尔伯特群岛上。塔拉瓦的基里巴斯文化中心展出椰子树纤维制作的盔甲和装有鲨鱼牙齿的长矛，这是古代基里巴斯人战斗的装备。我们在塔拉瓦看了好几个当地村寨，包括一个摩门教教堂。基里巴斯居民处于贫穷状态，但

基里巴斯波利尼西亚人的村庄

波利尼西亚人

所罗门群岛女孩

基里巴斯小孩

很友好。基里巴斯艳阳高照，很热，超过30摄氏度。有中国台湾人建立了一个村落教育集中点，有宽大通风的房舍，可将各个海岛的人请到这里进行为期2周的培训，这绝对是一项善举。

我们还去了一个海岛，岛上有当地居民，周围海水呈孔雀蓝色，海滨小草屋内清风徐来，似乎世外桃源。下午涨潮时，小木屋会全部被海水淹没，我们要在此之前乘船离开。我们所乘的船由一艘大木船和一艘小木船固定在一起起平衡作用，据说这种船来源于维京海盗船。一个当地男子用引擎开船，虽说平稳，但在南太平洋航行，竟然不备救生圈，想着都有点害怕。

晚上，我们看了当地舞蹈表演，据说为我们表演的是国家级的演员，他们确实跳得很好，也很敬业。

在瑙鲁的旅行中，我们看了具有特色的海上石林和一个火山湖。在瓦努阿图，我们看了正在间歇喷发的活火山。每隔几分钟，火山即发出一次爆裂声，如原子弹爆炸般的蘑菇云直冲上天，夹杂大量火山砂石冲出山口。这座火山又被称为"世界上最可亲近的活火山"，但在我看来十分恐怖。

我注意瓦努阿图人与其他海岛居民有明显不同，他们的皮肤为棕黑色。瓦努阿图有许多野猪，饲养的家猪也貌似野猪。居民以猪为财富象征。

在《圣经故事》中，所罗门王是财富和智慧的象征。1568年，西班牙航海家阿尔瓦拉·德·门达尼亚·德·内拉首次抵达这里时，发现当地原住民身上都佩带有各种黄金饰物，于是他自认为找到了所罗门王的黄金宝藏，所罗门群岛因此而得名。

所罗门群岛首都霍尼亚拉到处是遗留的武器残骸。66号高地建有美国纪念碑，纪念碑有一个中央方碑，5面石壁分别指向当年的5个战场——主要是萨沃岛、旧首都图拉其和霍尼亚拉所在的瓜达尔卡纳尔岛。太平洋的这片区域中，许多岛屿在第二次世界大战期间曾被日本人占领多年，他们修筑了至今还很坚固的碉堡和工事。1942年8月到1943年初，美军攻占时曾发生过非常激烈的战斗。这一战役美军死亡1 700人，日军死亡1 900人，附近有美日的沉船20多艘，该区域也成为"二战"的重要历史战场。

所罗门群岛有建立于1969年的国家博物馆，收藏考古文物、动物标本和艺术品。

太平洋岛屿国家无论是否已与中国建交，都有华人在那里开店铺或餐馆，可见中国人的勤劳和开拓精神。餐馆里天天是便宜的龙虾、海鱼，如果你不害怕寄生虫，每天三顿都有金枪鱼生鱼片。我们在所罗门群岛的导游已经是第三代华人移民了。

所罗门群岛风光旖旎，沿海地势平坦，海水清澈透明，能见度极高，被视为世界上最好的潜水区之一。2019年，所罗门群岛与中国建交，现被旅行社宣传为海上世外桃源，会成为又一个网红打卡地。2021年以来，中国援建所罗门群岛多项基础设施，包括体育场馆建设。

萨摩亚是一个独立的国家，也称西萨摩亚，以区别于美属东萨摩亚。两个岛屿民族种族、语言均相同，本来就是一个国家。在两个岛屿间飞行需要40分钟，飞机是只能乘坐十几个人的小飞机，乘机前乘客和行李要一同称重以免飞机超载。

萨摩亚首都位于阿皮亚第二大岛乌波卢岛的北岸中部。有飞机场和良好的港口，主要物产是鱼类及椰子。我们专门乘船1.5小时到萨摩亚萨瓦伊岛，在岛上参观一个村庄的改选大会，尽管我们听不懂，但可以感觉村民参与的热情高涨。奇瘦无比的村长送给我们香蕉，村民很热情地与我们合影。

距萨摩亚很近的美属萨摩亚可以乘飞机到达，也可以坐船到达，但因为是美国属地，需要另外办理签证。美属萨摩亚风景秀丽，基础设施与美国接轨,建设得很好。美属萨摩亚人每月可领取 1 200 美元的失业救济金,所以生活无忧。

去塔希提需要法国领地签证,首府帕皮提有一座有名的灯塔。塔希提岛上的人很像亚洲人,他们也说自己有亚洲血统,认为祖先是从

塔希提人的祖先祭祀地

波利尼西亚人的图腾

塔希提的天主教堂有浓厚的地域风格

我国的台湾岛一带来的。在塔希提女孩身上，还能看出当年高更笔下所描绘的风韵，但现在没有多少人知道高更与塔希提的关系。岛上有一座神庙遗址，有提基雕像。我们还去了茉莉雅岛，在海里游泳，海水很清澈，平坦的沙滩延伸到几十米远。那里房屋均为外观是茅

度假天堂塔希提

草小屋的独立别墅。但塔希提给我的印象是喧闹有余、特色不足，与复活节岛不可同日而语。

复活节岛是世界上最神秘的地方之一。

孤悬在太平洋中间，南纬 27 度 9 分、西经 109 度 26 分的复活节岛，东距南美洲大陆约 3 700 千米，西距法属波利尼西亚（French Polynesia）的塔希提岛约 4 000 千米，面积约为 167 平方千米。复活节岛属于智利，到岛上的航班都是由智利管理的，每星期只有固定的几天有航班。所以我到复活节岛旅游，要么走马观花停留一天，要么停留 5 天。我选择停留 5 天，别人都觉得时间太长了，但是我觉得到这么一个充满神秘色彩，又非常不容易到达的地方，多花一点时间是值得的。

1722 年，荷兰探险家贾克布·罗格文（Jacob Roggeveen）率领他的船队发现这座太平洋中的孤悬小岛时正好是复活节，复活节岛因此得名。复活节岛其实不大，岛屿是一个等边三角形，三个角刚好是三个火山口。飞机降落的时候，可以清晰地看到火山口和里面的水，可惜我没来得及拿出相机来拍摄。复活节岛的名字应有 3 个，当地语言为 Papa Nui，西班牙语为 Isla De Pascua，英语为 Easter Island。

我在行前预订的民宿就在海边，所以是头枕波涛入睡的。此前我查阅了很多资料，了解了复活节岛有三条有导游带领的旅行线路，我反正有足够的时间，决定每天一条，三条都走。至于剩余的时间如何安排，我问民宿的主人有什么建议，他说，其实你可以步行到处走走。我问，安全吗？他说，安全极了。对，我想也是这样，没有一个罪犯能从复活节岛逃出去。

世界上很多地方，比如希腊的德尔斐都被称为"地球之脐"，意思是，它像人体的肚脐一样是地球的中心，复活节岛也有这样的名字。但我想这纯属当地人的自信，而不像有人猜测的从太空往下看时，这个小岛正好是地球的"肚脐"。

来到复活节岛，值得看三样东西：第一，神秘的复活节岛石像；第二，复活节岛传说中的鸟人部落村落和相应的雕刻；第三，从复活节岛美丽的海滩遥望大海。

和我住在同一家民宿的有一个日本中年男子，我有空的时候，会约他一起漫步复活节岛。在外出旅行时，我经常和日本游客"搭伙"。原因很简单：第一，在欧美人和非洲人群中，日本人和中国人很容易辨别，方便我们相互找到对方。第二，单独旅行的人中，日本人比较常见，而单独旅行的中国人比较难找。第三，日本游客非常愿意"搭伙"旅行，

复活节岛石像　唯一有眼睛的石像

大家一起分担出租车费，聊天时可以用英语，也可以用中文来"笔谈"；而在大多数的时候，可以保留自己的独立空间，这非常符合我的旅行理念。

跟随旅行社的游览主要是听导游讲一些岛上的历史、岛民的风俗。我们的导游克里斯汀娜是一个居住在岛上的漂亮女孩，她的父亲是当地人，母亲为德国人，她很亲切友好，英语也很好。

在当地语言中，石像称为 Moai（读作"摩艾"），石像平台称为 Ahu（读作"阿胡"），还有很多死火山口。

复活节岛上最著名也是最容易看到石像的是一个叫作大海（Tahai）的地方，即西海崖，那里有一座巨大的戴帽石像、一座不戴帽的石像和 5 座已毁损石像。海岸边阿胡汤加里基（Ahu Tongariki）有 15 座雕像，入口处一座较大的石像曾在 1988 年被运到日本大阪进行为期一年的研究保护。

更有特点是在阿胡阿基威（Ahu Akivi）平台上屹立的 7 座石像，这 7 座石像据说代表最初渡海而来的 7 个勇士。

岛上没有竖立起来或没有雕刻完成的石像有将近 400 座，其中最高的一座有 21 米。

复活节岛上的完整石像有 3 种。

第一种是头和躯干连在一起的，鼻梁挺直高耸，眼窝深陷，没完成的和倒塌的石像也有很多是这种形象，我觉得这种形象目光深邃，更具神秘感。石像用当地出产的火山岩雕刻而成，呈灰黑色，但质地不坚硬。大英博物馆有一座 2.5 米高的复活节岛石像，用很坚硬的玄

探访复活节岛洞穴住宅　　　　　　　复活节岛神秘文字刻板

武岩雕刻而成，雕刻手法细腻，石像头部和躯干表面平滑，躯干上还刻出了双乳，这一座雕像与我在复活节岛上看到的雕像完全不是一个风格。我从复活节岛上回来，重访大英博物馆的时候，曾经怀疑那个雕像是现代人复制的，但博物馆工作人员告诉我，这座最漂亮的石像确实是从复活节岛上带回来的。

第二种是带着红色帽子的石像，石像躯干是灰黑色的火山石，帽子也是火山石，但是棕红色的。

第三种石像只有一座，除了有帽子之外，还有眼睛，包括眼白和眼珠。这是现代加工完善的石像，但这样的眼睛不是没有依据，岛上的小博物馆里就有原来石像眼珠的实物。也许当初的石像都有眼睛，但在漫长的岁月中毁坏了。

这些石像是谁在什么时候建成的？又是什么原因被放弃的？这一直是个谜，世界不同国家的学者提出很多假说，但是谁也说服不了谁。石像多数背对大海，但有一座面向大海，据说是在遥望他们的故乡，但这些说法，我觉得演绎的成分为主。

我们跟随旅行社到了一个古村落，当地有由石头堆砌的住房，其实更像地堡，仅可爬行进入，有许多奇怪的浮雕，似爬行动物。遗憾的是，当地居民说不清它们的历史，我们依靠导游的简单翻译，也无法与当地居民进行深入交流。

岛上的鸟人部落有很多浮雕式的岩石雕刻。有一个大的天然石头圆球和4个小圆球，导游演示两手抱住大圆球，将前额贴在球面，可以预测未来、祈祷神明的恩赐。

小岛上的道路修得很好，路上竟然常见到一些"野马"。这种马不是野生的原始马匹，而是以前欧洲人带到这里的，但是这些马没有用处，所以就成了无人照管的"流浪马"。

岛上有一座天主教教堂，是西班牙人最先建立的，祭坛均为木雕，祭台是一条鱼，后面还有木雕的鹰，这应当是天主教融合波利尼西亚当地宗教形成的。

我参加了一次岛民为游客举行的舞蹈晚会，女子舞蹈胯部和臀部摆动频繁，幅度大而有韵味，有点类似夏威夷的草裙舞，属于波利尼西亚的地方舞蹈。

岛上有手工制作的工艺品，价格不菲。我本来想买石质复活节岛雕像，但太粗糙，最后买了一排木雕像。在复活节岛上，考古专家曾发现一些带有神秘文字的木板，这些文字都是复活节岛上的土著居民独创的民族密码，被称为"朗格朗格文（Long Long）"。不过专家们没有最终破译它们，它们现在更像图案工艺品了。

我到复活节岛的时候，复活节岛还是一个与世隔绝的安静的地方，岛上有小的商店、餐馆和旅馆，没有网络，打电话是"天价"。但如今已经过去快20年了，记得当年离开时听人说，有旅行社正在做大的规划，甚至说要在岛上建立赌场。现在呢？复活节岛是不是又变成一个热门旅游景点了？

在南极和北极探险完成，特别是有了卫星通信以后，地球上的每一个角落都被清晰地标注在地图上，还有航海家探险的空间吗？

我到复活节岛上的时候带了一本书，就是挪威探险家海尔达尔写的《复活节岛的秘密》。海尔达尔曾经在复活节岛停留几个月以探索岛民的来源，复活节岛石像的复原也和他的一位朋友的努力分不开。

很多科学上争论的问题，都是通过不同的科学假说来验证的。自然科学领域的假说，很多可以通过实验来证实或者否定，进而推动科学论断的形成。

海尔达尔和他建造的"太阳船号"草船

复活节岛上的原住民属于波利尼西亚人,他们到底来自哪里?对此,科学界一直有争论。这里,让我们认识一下挪威现代探险家海尔达尔。

托尔·海尔达尔（Thor Heyerdahl,1914—2002）是一位具有动物学、植物学和地理学知识背景的挪威探险家,曾就读于挪威奥斯陆大学。

海尔达尔一直对达尔文的进化论非常感兴趣。他是一位具有冒险精神的人,22岁时,他和他的第一任妻子——20岁的丽芙在新婚第2天就出发,前往南太平洋法图希瓦岛（Fatu Hiva）。他们名义上有一个学术使命——研究岛屿之间动物物种的传播,但实际上他们打算"永不回家",享受亚当和夏娃的原始伊甸园生活。过了整整一年与世隔绝的生活,海尔达尔回到挪威,在这一年中,他思考了人类社会存在着的许多未解之谜。

海尔达尔一生有最重要的三大创举:"康提基号"（Kon-Tiki）木筏远航、探秘复活节岛和"太阳船1号""太阳船2号"草船远航。

海尔达尔发现南太平洋岛上的一些植物是原产于南美洲的,秘鲁的文化、神话和语言等各方面也与波利尼西亚群岛有着惊人的相似之处,于是他认为人类出海航行要比人们所知道的早得多。

西班牙人征服秘鲁印加帝国的历史是一个荒诞而真实的故事,仅仅几百个西班牙人就征服了数万人的印加帝国军队。这个故事的版本是这样的:在印加人祖辈口口相传的训示中说,若干代以后,会有一些有长长的白胡须、骑着白马的人来到这里,他们是神,印加人必须服从他们,西班牙人恰好符合传说中的形象,所以印加帝国的酋长轻易地就屈服了。

海尔达尔提出一种新的想法——印加人因为战败而从的的喀喀湖向西方远征。他说道:"我已肯定,南美的太阳神提基就是波利尼西亚人的先祖太阳之子提基,他被印加人的祖先赶出了秘鲁,渡过太平洋,在波利尼西亚另创新业。"

但南美洲距离南太平洋的波利尼西亚群岛有几千海里,在造船业不发达的古代,古代印加人怎么可能从南美洲漂洋过海到达南太平洋呢?海尔达尔决定自己亲身去进行这样的航海实践,以证明5世纪时,波利尼西亚群岛上的第一批居民是从南美洲划着木筏来的。

海尔达尔用8棵树的巨大树干,依靠藤索绑成仿古的木筏,以印加人的太阳神名字为其命名为"康提基号"。1947年4月28日,海尔达尔带着5个人和一只鹦鹉,驾驶"康提基号"木筏从秘鲁的卡亚俄出发远征,他所使用的唯一的现代化技术只有无线电。除了部分现代军用罐头外，他们带了大量古代秘鲁人的食品——薯干和肉干作为路上的食物，并且一路上捕鱼用于补充食物。出发时，他们以中空的竹管贮存饮用水，并系于筏边，途中补充雨水。

1947 年 8 月 7 日，海尔达尔到达波利尼西亚土阿莫土群岛的拉罗亚。这次航行历时 101 天，航程 4 300 海里（约 8 000 千米），证明波利尼西亚人完全可能来自古代秘鲁。关于这一壮举的书《康提基号》被翻译成 60 多种语言（中文版名为《孤筏重洋》），纪录片《康提基号》也于 1951 年获得奥斯卡长篇纪实电影奖，这也是挪威电影在世界上第一次获奖。海尔达尔从此声名大噪，一度被称为"世界上最著名的挪威人"。

海尔达尔的第二项壮举是探秘复活节岛。

1955—1956 年，海尔达尔组织了挪威复活节岛考古探险队。探险队成员包括考古学家威廉姆·穆洛伊（William Mulloy）等专业学者，他们在复活节岛上花了几个月的时间，调查几个重要的考古遗址。该项目的亮点包括著名的摩艾石像的雕刻、运输和竖立实验，以及在奥龙戈和波伊克等著名地点的考古挖掘。后来，海尔达尔将此事写成了一本畅销书《复活节岛的秘密》。

海尔达尔的第三项创举是草船航行。他认为古埃及文明的一支曾漂洋过海来到美洲，最后又向西而去，来到太平洋中的波利尼西亚群岛。1969 年，他以埃及古王室墓室的图案为参照，用埃塞俄比亚塔纳湖获得的纸莎草制成草船"太阳船 1 号"，试图从非洲的摩洛哥穿越大西洋。但是"太阳船 1 号"在途中损毁，海尔达尔和船员被一艘船救起。次年，即 1970 年，海尔达尔再次组织用玻利维亚的的喀喀湖中的纸莎草建造"太阳船 2 号"，同样从摩洛哥起航横渡大西洋，这次取得了巨大成功。草船到达巴巴多斯，从而证明了芦苇船是能够航海的，水手可以通过加那利洋流航行来应对跨大西洋航行，因此地中海古代文明可能通过这样的方式传播至美洲。

挪威奥斯陆的康提基号博物馆有

作者与复活节岛石像

海尔达尔等人重复复活节岛石像竖立的实验

木筏"康提基号"和草船"太阳船2号"的模型展出。我第一次到挪威访问康提基号博物馆的时候,海尔达尔仍然健在,但工作人员告诉我,他住在一个小镇的山上,并不到博物馆来,遗憾未能见上一面。海尔达尔于2002年4月18日在意大利利古里亚探望近亲时去世,挪威政府在奥斯陆大教堂为他举行了国葬。

海尔达尔的人类学理论并没有得到人类学家的普遍认可,但不管怎样,他仍然值得我们钦佩。所以我把他列入重要的航海家之列,因为他以自己的实践证实了古代航海壮举的可能性。

让我们看看另一个航海壮举,瑞典"哥德堡号"的远航历史和历史重现。

"哥德堡号"商船是瑞典1738年建造的,船长58米、宽11米,吃水量为1 250吨。船上有140多名船员,并装备有30门用来抵御海盗的大炮。

"哥德堡号"以中国为贸易目标,先后3次从瑞典哥德堡远航广州。第一次自1739年1月启程至1740年6月返航,第二次自1741年2月启程至1742年7月返航,两次均在海上历时一年半。第三次历时更长,1743年3月从哥德堡港启程,1745年1月11日才从广州启程返航回国。8个月后,1745年9月,"哥德堡号"航行到离出发点哥德堡港大约900米,港口迎接远航凯旋船队的人群已经可以用肉眼清晰地看到商船之际,"哥德堡号"却船头触礁,随即沉没在家门口,幸运的是全体船员安全撤离,没有伤亡。瑞典随后组织打捞,从沉船上找到了不到一

"哥德堡号"商船

工作人员讲解"哥德堡号"的远航和沉没

半的货物，包括30吨茶叶、80匹丝绸和大量中国瓷器，这些货物在市场上拍卖后竟然在支付"哥德堡号"远航经费之余还有获利。

以后的200多年时光里，"哥德堡号"静静地在深海长眠。直到1984年，瑞典的一次民间考古活动发现了沉睡海底的"哥德堡号"残骸。1986年，对"哥德堡号"的考古发掘全面展开，持续了近10年，打捞上来400多件完整的瓷器和9吨重的瓷器碎片，这些瓷器大部分具有中国传统的图案花纹，少量绘有欧洲特色图案，是当年中国瓷器生产厂家为特定客户专门制作的"出口商品瓷"。瑞典朋友将船上的一小包茶叶送回了它的故乡广州，这包茶叶至今还在广州博物馆展出。据说这一保持原来性状的"松萝茶"还保留着茶香，可冲泡饮用。

遗憾的是，"哥德堡号"残骸已经腐朽，无法再像我们的"南海一号"那样被整船打捞出海。

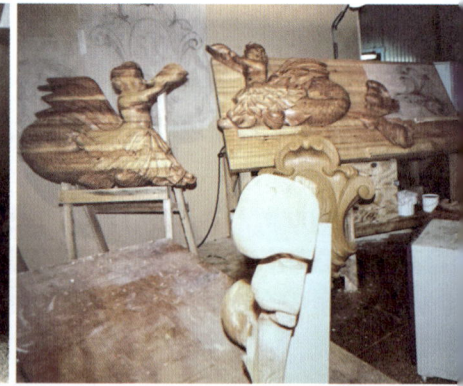

"哥德堡号"沉船上打捞出来的中国瓷器

深怀当年大航海情结的瑞典人提出一个大胆设想——按原样重造"哥德堡号"，并重复当年从瑞典哥德堡到中国广州的航海历程。

重造"哥德堡号"估价约3亿瑞典克朗（约合3亿元人民币），而重复当年航程的预算为2亿瑞典克朗。瑞典从国家元首到普通平民都对这项活动倾注了巨大热情，在国家投入、公司赞助、社会捐助下资金很快到位。瑞典国王卡尔十六世·古斯塔夫和时任中国总理温家宝都积极支持这一计划，认为"新哥德堡号"重复历史的航行将增进中瑞两国间的了解与友谊。

1995年6月11日，"新哥德堡号"开工建造。2003年6月，历时8年，这艘完全保留18世纪工艺的新船顺利下水。

14 回顾一些具有历史性意义的航行

陪同我参观的"哥德堡号"大副

我和"哥德堡号"船员

  2005年10月2日,"新哥德堡号"正式从瑞典向中国起航。全船包括80名船员和50名见习水手,与传统不同,船上的船员和水手几乎全部由志愿者组成。因此,在每个重要港口停留时,会更换船员和水手。中国中央电视台《探索·发现》栏目的邓武和沈光华也在途中成为随船记者。

  "新哥德堡号"的航行计划按照历史记录的航程进行,从哥德堡港起航后,沿途停靠西班牙加的斯、巴西雷塞夫、南非开普敦、澳大利亚雷蒙特、印尼雅加达,抵达中国广州,这次还增加了中国上海一站,然后返回瑞典。

  我一直对航海史有浓厚兴趣,得到相关信息后,我于2002年9月

26日下午到达哥德堡。这是瑞典第二大城市，也是最大的港口城市，我到达当天就到港口看正在建造的"新哥德堡号"。船上的负责人听我陈述来自中国及我对航海的兴趣，十分热情地破例让我进入参观，我在负责人带领下很仔细地看了船上已经建造完成的部分和正在施工的部分，包括外观、货舱、船长室、船员住宿舱、大炮、船舵、铁锚等，参观持续了很长时间。告别负责人时，他邀请我一定在"新哥德堡号"到达中国时再次登船。当晚，我在港口看夜景，拍摄海神雕像。

2006年10月，"新哥德堡号"抵达上海，我也如约于10月20日从昆明到上海北外滩高阳路参观"新哥德堡号"，登上这艘已经在海上航行了12个月的远洋行船。我去的时候不是公众参观时间，但我出示2002年在瑞典登上正在建造的"新哥德堡号"的照片并叙述对邂逅的期待后，我不仅被允许登船，而且受到热情的接待。全人工打造的"新哥德堡号"完全是古代木船的样子，船头装饰着海神形象。船上的大副专门带我参观，与正在工作的船员们见面。大副告诉我，除了采用现代卫星通信外，整个航行完全按照当年"哥德堡号"的动力方式，即靠风帆和洋流环海航行。我在和他的交谈中谈到"哥德堡号"隶属于东印度公司的历史，像是早有准备，大副说，与英国的东印度公司不一样，瑞典的东印度公司从来没有向中国贩运过哪怕一箱鸦片，更不用说"哥德堡号"了。

准备返航的"新哥德堡号"已经满载中国货物，我高兴地看到船上载有专门为这次航行制作的云南普洱茶。

"新哥德堡号"返航时装载的云南普洱茶

"新哥德堡号"
到达上海

 **旅途思考一**

波利尼西亚人来自哪里

辽阔的太平洋上有数不清的岛屿，北起夏威夷群岛，南至新西兰，东至复活节岛的一大片海域上，是波利尼西亚群岛，岛屿上的原住民被称为波利尼西亚人，现在约有 90 万人。他们中等身材、壮实，肤色浅至暗铜色，直发或卷发，胡须多，面部高阔，鼻骨突出，眼眶较高，正颌，有人觉得他们看上去像欧亚混血人种。

这些波利尼西亚人的祖先来自哪里是争议了几百年的话题。

很多学者认为波利尼西亚人来自东亚，也有人提出波利尼西亚人起源于美洲的说法。海尔达尔就是持美洲起源学观点的，为了回答美洲人难以通过航海来到波利尼西亚的质疑，他亲自乘原始木筏从南美漂流到波利尼西亚，证明这是可能的途径。

现代分子遗传学可以根据波利尼西亚人的 DNA（脱氧核糖核酸）分析比对回答这一问题，包括常染色体、雄性遗传的 Y 染色体和母系遗传的线粒体 DNA 序列分析。我曾与其他学者合作发表过以 Y 染色体上相关标记研究波利尼西亚人起源的论著，DNA 分析结果支持波利尼西亚的东亚起源学说，这一结论目前已经获得学术界公认。

这意味着，海尔达尔的波利尼西亚人美洲起源论有可能是错误的，但没有改变我对他勇于探索、出生入死进行航海实践的钦佩。

 **旅途思考二**

"最海盗"和最优雅的维京人

在北欧斯堪的纳维亚国家、瑞典、挪威以及丹麦旅行时，你会对环境的整洁、建筑设计的简洁优美，以及人们的文雅友好产生深刻的印象。

国际上最著名的诺贝尔奖颁奖典礼在瑞典斯德哥尔摩的蓝厅举行，丹麦的皇家城堡是莎士比亚笔下哈姆雷特的生活背景。在挪威，你可以看到以人生百态为题材的著名雕塑以及蒙克的"呐喊"这样世界著名的艺术品。但在和北欧朋友一起喝咖啡的时候，我有时会禁不住想象他们带着海盗的牛角面具会是什么样子？当然，海盗的牛角完全是电影渲染出来的，但斯堪的纳维亚国家的祖先确实是著名的海盗维京人。

14 回顾一些具有历史性意义的航行

维京人从 8—11 世纪（大约相当于中国的唐五代时期）一直侵扰欧洲沿海和不列颠岛屿，足迹遍及从欧洲大陆至北极的广阔疆域，欧洲这一个时期被称为"维京时期"（Viking Age）。

维京人利用斯堪的纳维亚森林的优质木材制作了造型优美的有中间桅杆与横帆的科克斯塔德木船（Gokstad），现在在挪威首都奥斯陆的海盗船博物馆里，还可以看到发掘出的大约建造于 890 年的这种木制战船。木船长 23.24 米、宽 5.2 米，16 桨，船头和船尾向上翘起，船体狭长，船底尖削。作战时，船头会装上恐吓对方的龙头，所以这种船也称龙船。不像中国龙为帝王专用，在欧洲，龙是凶恶的象征，足以使敌人闻风丧胆。

维京海盗们快速袭击西欧的港口与海岸，获得战利品、财富，甚至奴隶。在维京人海盗史中，820—830 年，他们侵入并掠夺了爱尔兰城市。845 年，维京人袭击的地方包括巴黎、里斯本。859 年，维京人到达了意大利。865 年，维京人劫掠了俄罗斯的诺夫哥罗德与基辅，并向君士坦丁堡逼近。他们在 825 年发现冰岛并定居下来，又自己离开这块冻土。他们也曾到达纽芬兰并探索了部分北美地区。现在欧洲的许多人群中，都有维京人的 DNA。

维京人体格强健，对战斗有异乎寻常的狂热，悍不畏死。依靠周密的策划与出其不意的突袭战斗，对于欧洲人来说，维京人就像来自地狱的魔鬼。同时，维京人又是出色的工匠、水手、探险家和商人。

英国人和法国人不堪其扰，缴纳赎金之余，还采取怀柔政策。911 年，法国的国王学习英国人的做法，把最大的海盗首领罗勒封为诺曼底的大公，以换取他们皈依基督教并停止入侵。

但一切都会有尽头。历经维京人漫长而猖獗的侵扰之后，英国和法国改变了策略，加固防御措施，采用骑兵抵御上岸的海盗，维京人的劫掠变得困难，失败的风险加大。878 年，爱丁顿之战威塞克斯国王阿尔弗雷德大帝重挫维京首领古瑟伦之后，维京时代开始走下坡路。阵容分散、斯堪的纳维亚的自然条件都不足以支撑维京人打大规模会战。另外，经过了原始的财富积累和部落整合，斯堪的纳维亚丹麦、挪威、瑞典三个王国的雏形已经于 1000 年左右基本建立，国王希望抑制海盗们的桀骜不驯以免对自己的王位构成威胁，于是维京时代一去不复返了。

有句话说："维京时代过去了，维京人还在"。今天，从复原的古典木船"新哥德堡号"到北欧家具的优雅设计，是否有当年维京造船工匠的技艺传承？海尔达尔远渡重洋的坚韧毅力，又是否有祖先的遗传呢？

15

盘点世界主要航海家

追寻航海家远行航程的旅行

人类的诞生与海洋紧密相连。在舟楫落后的古代，海洋曾经成为人们出行和交流的障碍，但在航海技术蓬勃发展之后，海洋成为人们开拓世界、文化和物质交汇的广场。有多少诗人写下了吟诵蔚蓝色海洋的美丽篇章，海洋与文明紧紧相连，成为人们的向往。我们赞美海洋、依赖海洋。在大海深蓝色的波涛里，从古至今，航海家们闪耀着不朽的光芒。

21世纪是海洋世纪，海洋已成为人类第二大生存和发展空间。在新的形势下，我们需要从小培养国民的海洋意识，弘扬开拓进取、崇尚科学的精神，发展中国的航海事业，进一步开发和利用海洋，让中华民族伟大复兴的巨轮扬帆远航。

让我们总结一下这本书里面涉及的世界著名航海家（以出生年代为序）。

（1）郑和（1371—1433），中国明代航海家，云南昆阳州人（今云南省昆明市晋宁区）。原名马和，少年入宫为太监，年轻时从侍燕王朱棣，在靖难之役中有功，朱棣赐姓郑，世称"三保太监"。1405—1433年，郑和七次作为正使太监下西洋，1433年去世。

郑和七次下西洋，从中国海与印度洋到波斯湾，并远及阿拉伯半岛和非洲东岸，访问了30多个国家和地区，为促进中国与东南亚、印度、阿拉伯和东非各国人民的友好往来作出了卓越的贡献。郑和航海促进了海上丝绸之路的贯通，对于中国与东南亚乃至亚非的物质和文化交流与融合起到重要作用。

相应纪念地点：昆明郑和公园，南京宝船厂遗址、福建长乐郑和纪念馆，斯里兰卡科伦坡国家博物馆、马来西亚马六甲郑和庙。

（2）亨利王子（1394—1460），葡萄牙王子，原名唐·阿方索·恩里克，维塞乌公爵（O Infante Dom Henrique Duque de Viseu），因对航海事业贡献巨大被称为航海家亨利王子（Prince Henry the Navigator）。

亨利王子将毕生精力贡献于葡萄牙的航海开拓事业，他离开皇宫，放弃奢华的宫廷生活，在葡萄牙西南角荒凉的萨格里什建立了人类历史上第一所航海学校，绘制出定位准确的地图；他改进造船技术，使葡萄牙造船技术居于世界顶端。从1418年起，亨利王子领导和组织航海探险活动长达30多年，他开创了15世纪伟大的大航海时代，为葡萄牙崛起成为海上强国奠定了基础。亨利王子是世界公认最伟大的航海家之一，尽管他本人并不航海。

相应纪念地点：葡萄牙里斯本大航海纪念碑、里斯本巴塔利亚修道院。

（3）迪亚士（约 1451—1500），葡萄牙航海家，全名巴尔托罗梅乌·谬·迪亚士（Bartholmeu Dias）。因发现好望角，成功开辟了大西洋和印度洋之间的东方航线而著名。

迪亚士于 1487 年 8 月率领船队从里斯本沿非洲西海岸航线向南航行。1487 年 12 月，船队遭遇风暴被向南推离海岸线。待风暴结束后，船队转而向北航行。1488 年 2 月 3 日，海岸线再次出现，证明船队已经成功绕过了非洲大陆最南端，迪亚士于是将其命名为风暴角（后被改名为好望角）。迪亚士成功开辟了大西洋和印度洋之间的东方航线，使欧洲可以绕过伊斯兰世界直接与印度和亚洲其他地区展开贸易。1497 年，迪亚士再次率船队远航。1500 年 5 月 24 日，船队在好望角附近的洋面上遇到大西洋飓风，迪亚士及其伙伴死于海中。

相应纪念地点：非洲好望角。

（4）达·伽马（1469—1524），葡萄牙航海家，全名瓦斯科·达·伽马（Vasco da Gama），因开辟欧洲直达印度的航路而著名。

达·伽马 1497 年奉国王之命，率领舰队从里斯本出发，绕过好望角，于第二年到达莫桑比克。后得到阿拉伯航海家艾哈迈德·本·马吉德的引航帮助，终于到达印度西南部重镇卡利卡特，满载宝石、香料而归。1502 年、1524 年，达·伽马又两次远航印度，因航海成就被葡萄牙王室任命为葡萄牙驻印度总督。1524 年，达·伽马死于印度科钦。

相应纪念地点：葡萄牙埃武拉主教座堂、里斯本热罗尼莫斯修道院。

（5）卡布拉尔（1467—1520），葡萄牙航海家，全名佩德罗·阿尔瓦雷斯·卡布拉尔（Pedro álvares Cabral），因"发现"巴西并将其归入葡萄牙版图著名。

1500 年 3 月，卡布拉尔率领船队从里斯本出发，到达非洲佛得角群岛后，被强烈风暴和赤道洋流推到了一个未知的海域。4 月 22 日，到达现在巴西东海岸的帕斯夸尔山，并于 4 月 25 日驶入今巴西的塞古鲁港。卡布拉尔在岸边竖起刻有葡萄牙王室徽章的十字架，宣布该地区为葡萄牙所有，并为其命名 Brasil，后成为巴西国名。

相应纪念地点：巴西塞古鲁港、葡萄牙圣塔格拉姆修道院。

(6) 麦哲伦（1480—1521），全名斐迪南·麦哲伦（Ferdinandde Magellan），出生于葡萄牙，但为西班牙政府效力。

麦哲伦于1519年9月奉西班牙国王之命，率领船队从西班牙加的斯港出发，穿越南大西洋后，于1520年进入了一条位于美洲南部的狭窄通道。船队花了37天驶过这条险象环生的航道，后来这条航道被命名为麦哲伦海峡。麦哲伦在环球航行途中卷入菲律宾部落冲突，被部落酋长杀害。船队在他死后继续向西航行回到欧洲，完成了人类首次环球航行，以实际航行证明地球是圆的。

相应纪念地点：智利麦哲伦海峡、西班牙加的斯港、菲律宾宿务岛。

(7) 哥伦布（1452—1506），全名克里斯托弗·哥伦布（西班牙语：Cristóbal Colón；意大利语：Cristoforo Colombo），出生于热那亚（今意大利西北部），但是为西班牙政府效力。因4次横渡大西洋，发现美洲新大陆而著名。

哥伦布为了实现自己的航行计划，曾在多个国家处处碰壁十多年，直到1492年得到西班牙国王斐迪南二世和王后伊莎贝拉的支持。在西班牙国王的支持下，哥伦布先后4次出海远航。1492年8月3日，哥伦布船队从西班牙巴罗斯港驶向大西洋，开始第一次远航。经过70昼夜的艰苦航行，1492年10月12日凌晨，终于发现了加勒比海中的巴哈马群岛圣萨尔瓦多，此后他登上了美洲的许多海岸，开辟了横渡大西洋到美洲的航路。1506年5月20日，哥伦布死于西班牙巴利亚多利德。直到逝世，哥伦布一直认为他到达的地方就是印度。

相应纪念地点：西班牙巴罗斯港，西班牙巴塞罗那科隆广场，哥伦布四次远航中在美洲到达和命名的地方如巴哈马、古巴、特立尼达等。

(8) 库克（1728—1779），全名詹姆斯·库克（James Cook），更多人称其为库克船长（Captain Cook），英国航海家，因成为首批登陆大洋洲东岸和夏威夷群岛的欧洲人而著名。

1766年，库克被任命为"奋进号"船长，随即开始他长达12年的3次环球探险航行。作为首批登陆大洋洲东岸和夏威夷群岛的欧洲人，库克为新西兰与夏威夷之间的太平洋岛屿所绘地图的精确度和规模皆为前人所不能及。在探索旅途中，库克也为不少新发现的岛屿和地名命名。

1779年2月14日，在第三次探索太平洋期间，库克与夏威夷岛上的岛民发生冲突，遇害身亡。

相应纪念地点：澳大利亚墨尔本库克船长小屋、英国普利茅斯港、太平洋库克群岛、新西兰库克峰、夏威夷群岛。

（9）德雷克（1540—1596），全名弗朗西斯·德雷克（Francis Drake），英国航海家，因2次环球航行并发现德雷克海峡、打败西班牙无敌舰队而著名。德雷克也是仅有的一位从海盗华丽转身为贵族和政治家的航海家。

德雷克在1577年和1580年进行了2次环球航行。1581年4月，英国女王伊丽莎白一世亲自登船赐予德雷克骑士爵位。1588年，德雷克成为海军中将，在军旅中曾击退西班牙无敌舰队，由此受封为英格兰勋爵，但后来因远征失利被英国王室疏远。1596年1月28日，德雷克在远征美洲横渡大西洋途中罹患热带传染病而在海上去世，年仅55岁。

相关纪念地点：德雷克海峡。

（10）阿蒙森（1872—1928），全名罗阿尔德·阿蒙森（Roald Amundsen），挪威极地探险家、航海家。因在探险史上第一个航行于西北航线、第一个到达南极点而著名。

1903年6月，阿蒙森的探险队开始远航寻找西北航线。他的船队在北极圈的威廉王岛上安营扎寨度过了两个冬季，后又在马更些王岛上度过了一个冬季，终于在1906年9月完成了从西北航线到达太平洋的航行。

1911年10月19日，阿蒙森通过"前进号"舰艇到达南极鲸湾安营扎寨点，展开与英国探险家斯科特的南极点"冲刺赛跑"。阿蒙森率领的探险队穿越遍布危险的冰川，于1911年12月14日到达南极点。

相应纪念地：南极。

（11）海尔达尔（1914—2002），全名托尔·海尔达尔（Thor Heyerdahl），挪威航海探险家。因乘坐仿古木筏从秘鲁卡亚俄港航行到达南太平洋土阿莫土岛而著名。

1947年4月28日，海尔达尔带着5个人和一只鹦鹉，驾驶用8棵树木的巨大树干和藤索绑成的仿古木筏，从秘鲁的卡亚俄出发，航行101天，航程4 300海里到达波利尼西亚的拉罗亚，证明波利尼西亚人完全可能来自古代秘鲁。1955—1956年，海尔达尔航行至复活节岛，获得重大考古发现。1969年和1970年，海尔达尔组织制作"太阳船号"，自摩洛哥的萨非港出发横跨大西洋，直达加勒比海的巴巴多斯，证明地中海古代文明可能通过这样的方式传播至美洲。海尔达尔的人类迁徙理论并没有得到人类学家的普遍认可，但他以出生入死的实践证实了古代航海壮举的可能性。

相应纪念地点：挪威奥斯陆康提基号博物馆、波利尼西亚群岛、复活节岛、秘鲁的的喀喀湖。

主要参考文献和进一步阅读资料

[法]儒勒·凡尔纳.地理发现史.戈信义,译.海口:海南出版社,2015.
[意]哥伦布.孤独与荣誉:哥伦布航海日记.杨巍,译.南京:江苏凤凰文艺出版社,2014.
[奥]斯蒂芬·茨威格.麦哲伦航海记.苏惠玲,译.北京:希望出版社,2006.
[美]托尼·霍维茨.蓝色航迹:追寻库克船长之旅.北京:世界知识出版社,2006.
[奥]斯蒂芬·茨威格.人类的群星闪耀时.高中甫,潘子立,译.天津:天津人民出版社,2011.
施鹤群.大航海.北京:人民邮电出版社,2015.
马欢.瀛涯胜览.万明,校注.北京:中国旅游出版社,2016.
费信.星槎胜览校注.冯承钧,校注.北京:华文出版社,2019.
巩珍.西洋番国志.向达,校注.北京:华文出版社,2017.
刘迎胜.丝路文化·海上卷.杭州:浙江人民出版社,1995.
海军海洋测绘研究所/大连海运学院航海史研究室.新编郑和航海图.北京:人民交通出版社,1988.
周运中.郑和下西洋新考.北京:中国社会科学出版社,2013.

褚嘉祐

　　研究员,博士生导师,医学博士,中国协和医科大学和中国医学科学院医学生物学研究所教授。从事医学遗传学研究和临床工作30余年,是中国人类基因组项目中"中国不同民族基因组的保存与遗传多样性研究"课题总负责人。曾获2005年和2007年国家自然科学奖二等奖,云南省科技进步一、二、三等奖等奖项。在国内外发表论文200余篇,主编和参与编著专著11部,并出版了若干科普作品。多年来因学术交流和个人旅行,曾到过七大洲100多个国家和地区。